연금에 대해 말하지 않는 것들

연금에 대해 말하지 않는 것들

30대 기자와 60대 연금학자가 주고받은 한국인의 노후 이야기

초판 1쇄 발행 2024년 3월 13일

지은이   전혜원 오건호
펴낸이   이영선
책임편집   이민재

편집   이일규 김선정 김문정 김종훈 이민재 이현정
디자인   김회량 위수연
독자본부   김일신 손미경 정혜영 김연수 김민수 박정래 김인환

펴낸곳 서해문집 | 출판등록 1989년 3월 16일(제406-2005-000047호)
주소 경기도 파주시 광인사길 217(파주출판도시)
전화 (031)955-7470 | 팩스 (031)955-7469
홈페이지 www.booksea.co.kr | 이메일 shmj21@hanmail.net

ISBN 979-11-92988-45-0 03330

연금에 대해 말하지 않는 것들

30대 기자와 60대 연금학자가
주고받은 한국인의
노후 이야기

전혜원×오건호

서해문집

연금정치,
선악의 대결을
넘어

은퇴 이후의 삶

'나는 정규직인데 회사가 비정규직'이라는 말이 있다. 우리 회사 정년이 60세인데, 30대 후반인 내가 60세가 되는 2048년까지 종이 잡지 《시사IN》이 살아남을 수 있을지 걱정이 많다. 운 좋게 안 잘리고 버틴다고 쳐도, 그 다음엔?

　아와노 마사오라는 일본의 프리랜스 저널리스트가 있다. 예순이 넘은 나이에도 아베 신조 전 총리 피살 현장에 직접 뛰어가는 '참 기자'다. 그는 연금 생활자인 동시에 여러 잡지사에 기고하며 책을 쓰는 시니어 글쟁이로 노후를 채워가고 있다. 그런 삶을 잠시 상상하다가도, 20년째

제자리걸음인 한국 원고료 시장을 떠올리며 고개를 젓는다. 100세 시대에 뒤늦게 대학원에 등록했다는 동료 기자의 말이 예사롭게 들리지 않는다. 모아둔 돈도, 친구도 별로 없는 데다 결혼 생각도 딱히 없는 나는 무사히 '망원동 할머니'로 늙어갈 수 있을까?

누군가 내게 '무엇으로 노후 대비를 하고 있느냐'고 묻는다면, 지금으로선 국민연금밖에 없다. 월급명세서를 보면 매달 20만 원 가까운 돈이 국민연금 보험료로 빠져나간다. 이대로 꼬박꼬박 붓기만 하면 월 120만 원 조금 넘는 돈을 65세부터 받을 수 있다고는 한다. 그런데 웬걸, 내가 연금을 받기 시작하고 2년째인 2055년에 국민연금 기금이 바닥난다는 소리가 들린다.

그럼 내 연금은 누가 주냐고? 해당 시점의 일하는 세대(1996~2037년생)가 내는 보험료로만 연금을 충당한다면, 그들이 월소득의 약 1/3을 보험료로 내야 한단다. 지금 국민연금 보험료율이 월소득의 9%인데, 갑자기 이전 세대보다 서너 배 많은 보험료를 내라고 하면 순순히 받아들일 사람은 없을 것이다. 그나마 일하는 인구가 더 많은 지금부터 보험료를 올리는 게 맞지만, 현세대 역시 당장의 내 주머니를 가볍게 만드는 정책이 달가울 리 없다. 한국사회에서 연금을 둘러싼 갈등이 격렬한 이유다.

연금 기사를 처음 쓴 것은 2018년이다. 제4차 국민연금 재정계산이 발표된 그해 8월 17일부터 열흘간 포털사이트 네이버의 정치·경제·사회 분야 '댓글 많은 뉴스' 5위 안쪽에 든 국민연금 기사 8개를 추리고, 각 기사별로 가장 많은 '공감'을 받은 댓글을 10개씩 살폈다. 정교하게 표본을 설계한 여론조사는 아니지만, 국민연금의 어떤 지점이 여론을 건드리는지 날것으로 볼 수 있는 방법이었다. 그렇게 총 80개 댓글을 들여다보면서 시민들이 분노하는 지점을 다섯 갈래로 추출할 수 있었다. 다음과 같은 내용들이다.

1. 싫다는데 왜 의무가입을 강제하나? 자유 가입으로 돌려라. 당장 먹고살기도 힘들다.

2. 국민연금은 다단계 사기, 폭탄 돌리기다. 먼저 가입한 사람만 이익을 보고, 젊은 세대는 연금을 못 받거나 쥐꼬리만큼 받을 거다.

3. 국가가 국민연금 지급보장을 명문화해야 한다.

4. 국민연금보다 공무원연금·사학연금·군인연금 개혁이 먼저다.

5. 국민연금공단은 기금 관리도 못하면서 고연봉에 성과급 잔치를 벌이고 있다.

이런 댓글 여론은 2024년의 국민연금 기사에서도 그대로 관찰된다. 6년간 연금에 대한 사회적 논의가 한 발짝도 나아가지 못한 것이다. 2018년 당시 나는 이 질문들을 서로 생각이 다른 연금 전문가 다섯 명에게 물어서, 〈국민연금 기사에 달린 댓글, 오해와 진실〉[*]이라는 기사를 썼다 (이 책의 대담 상대인 오건호 박사도 그중 한 명이다). 돌이켜보면 한국의 연금정치 지형을 단시간에 파악할 수 있다는 점에서 좋은 출발점이었다.

한국 연금정치의 지형

한국의 연금정치를 이해하기 위해 꼭 알아야 할 용어가 있다. 먼저 매달 내는 보험료가 월소득에서 몇 퍼센트를 차지하는지를 가리키는 개념이 '보험료율'이다. 현재 9%다. 이렇게 40년 동안 꼬박꼬박 부으면, 은퇴 뒤에는 젊을 때 벌

[*]   《시사IN》 제573호, 2018년 9월 11일.

던 돈의 40%를 연금으로 받을 수 있다. 여기서 나중에 받는 연금액이 일하던 시절에 벌던 소득의 몇 퍼센트인지 따지는 개념을 '소득대체율'이라고 부른다. 40년 기준 40%다. 즉 현재의 제도는 '보험료율 9%-소득대체율 40% 체제'다.

국민연금이 출범한 1988년에는 보험료율이 3%, 소득대체율은 70%였다. 이후 보험료율은 국민연금법 시행 당시 명시한 대로 1993년부터 6%, 1998년부터 지금과 같은 9%로 올랐다.[*] 소득대체율은 김대중-노무현 정부(1998~2003, 2003~2008)의 1·2차 연금개혁으로 1998년 60%, 2007년엔 50%로 줄어들었고, 이후 매년 0.5%p씩 감소하다가 2028년부터는 40%를 유지하게 된다. 노무현 정부는 보험료율도 12~15%대까지 올리려 했지만 국회 문턱을 넘지 못했다.

이런 상황에서 5년마다 발표되는 국민연금 재정계산 결과는 악화일로였다. 저출생의 해일이 예상보다 훨씬 큰 높이로 빠르게 닥쳐오는 가운데, 연금개혁에는 진전이 없

---

[*]　사업장가입자 기준. 지역가입자는 가입이 시작된 1999년 3%부터 서서히 올라 2005년 7월 이후 9%로 고정된다.

었기 때문이다. 2013년 3차 재정계산에서 2060년으로 예측한 연금 고갈 시점이 2018년 4차에선 2057년, 2023년 5차 때는 2055년으로 앞당겨졌다. 고갈 시점만 빨라진 게 아니라 그 이후 미래세대가 내야 할 보험료율이 크게 뛰었다. 연금재정에 빨간불이 켜진 것이다.

보험료율을 어느 정도 올려야 한다는 데는 큰 이견이 없다. 문제는 소득대체율이다. 민주노총·한국노총과 참여연대 등 이른바 '진보 진영'의 주류는, 보험료율을 인상하되 소득대체율도 45%나 50%로 올려야 한다고 주장한다. 이러면 더 많은 연금을 주기 위해 미래세대의 보험료 부담이 커진다는 반론에, 이들은 국민연금 지급을 보험료에만 기댈 게 아니라고 말한다. 국가가 재정을 투입하면 된다는 것이다. 이런 입장과 달리 연금재정의 안정을 더 강조하는 쪽이, 굳이 따지자면 '보수 진영'이다. 이들은 현 체제(보험료율 9%-소득대체율 40%)를 유지하는 것만으로도 미래세대의 부담이 너무 크기에, 소득대체율은 그대로 두거나 더 깎고 보험료율만 올려야 한다고 본다.

결국 '국민연금 소득대체율 인상이냐, 유지냐'를 둘러싸고 양측이 평행선을 달려온 게 2007년 노무현 정부 이후 연금개혁 합의가 안 되는 핵심 이유라고 할 수 있다.

사실 이명박 정부 이후 역대 정부는 연금개혁에서 뚜렷한 입장 없이 '폭탄 돌리기'를 해왔다.

이명박 정부(2008~2013)는 직전 노무현 정부의 연금개혁을 핑계로 어물쩍 넘어갔고, 박근혜 정부(2013~2017)는 여론이 호의적인 공무원연금 개혁에 집중했을 뿐 국민연금은 뒷전이었다. 최근에 와서는 대체로 더불어민주당이 국민연금 소득대체율 인상에 더 공감하며 문재인 정부(2017~2022)도 같은 기조였으나, 정작 집권기에는 그런 방향의 연금개혁에 나서지 않았다. 그 이유에 대해 한 논문의 분석은 이렇다. "최저임금 인상 문제로 야당과 보수 언론 공세를 받아내야 했던 대통령실 정책라인은 연금개혁의 추진에 대해 입장이 통일되어 있지 않았다. 대통령은 이런 상황에서 지도력을 행사하지 않았다."[*]

윤석열 대통령은 대선 후보 시절부터 줄곧 연금개혁을 공언해왔지만, 2023년 10월 30일 윤석열 정부 보건복지부가 국회에 제출한 '제5차 국민연금 종합운영계획'에는 보험료율과 소득대체율을 얼마로 정할지가 빠졌다. 진보

---

[*] 김영순, 〈정책옹호자연합 모형을 통해 살펴본 연금개혁의 성공과 실패:영국 블레어 정부와 한국 문재인 정부의 사례〉, 2023.

와 보수의 견해가 엇갈리는 이슈가 있다면 그 갈등을 조율하고 대표하는 것이 정치의 역할이다. 그러나 한국의 연금 정치는, 집권세력이든 야당이든, 2007년 이후 17년간 심각한 직무유기를 범해왔다.

'오건호'라는 질문

앞서 국민연금 소득대체율을 올리자는 게 진보 진영, 그대로 두거나 깎자는 게 보수 진영 주류의 입장이라고 정리했다. 오건호는 좀 독특한 존재다. 그는 민주노총과 민주노동당에서 일했고, 현재 시민단체 '내가만드는복지국가' 정책위원장을 맡고 있는 활동가다. 공공부문 노사관계를 전공하고 복지제도를 연구하며 학계와 정치권에서 두루 인정받은 사회학자이기도 하다. 여타의 사회경제적 이슈에서 그를 '진보'가 아니라고 평가하기는 어렵다. 그런데도 그는 국민연금 소득대체율을 올려선 안 된다고 단언한다. 말하자면 그는, 적어도 연금에 대한 입장에서 진보 진영 주류와 결별한 사람이다.

　이렇듯 '진보 주류'의 시각에서는 '변절한 신자유주의자'인 그의 주장에 귀 기울일 가치가 있을까? 아니, 대립하는 의견을 각각 취재해서 병렬하는 것이야말로 기자가 할 일 아닐까? 그렇더라도 소득대체율 문제가 최대 쟁점인 상황에서, 소득대체율 인상 반대론자와 대담하고 책을 낸다면 '편향된 기자'라는 인상을 주지 않을까? 특정 사안에 자기 목소리를 내는 기자를 달갑잖게 여기는 한국사회에서, 이런 시도가 기자 인생 내내 어떤 꼬리표로 이어지는 건 아닐까? 이 대담을 결심할 때까지 의문이 꼬리에 꼬리를 물었다. 꽤나 용기가 필요했던 것도 사실이다.

그런데도 이 작업에 나선 건, 연금이라는 주제에 대한 애정 때문이기도 하지만, '오건호라는 질문'이 지금의 한국사회에 의미를 갖는다고 믿기 때문이다. 그는 국민연금 소득대체율을 올리기보다는 '기초연금'을 하위계층 중심으로 확대해야 한다고 말한다. 기초연금이란 국민연금 보험료를 내지 않았거나 많이 붓지 못한 노인도 세금으로 지원하는 제도다. 국민연금이 포괄하지 못한 노인의 최저 소득보장이 노인빈곤 개선에 더 중요하다고 보는 것이다. 그는 또한 월소득의 8.33%만큼 사업주(기업)가 적립하게 되어 있는 퇴직금을 '퇴직연금'으로 만들어서 노후생활에 보태자고 말한다. 퇴직금 일시 수령이 익숙한 시민들에겐 낯선 제안이다. 그러나 한국인들이 '퇴직금을 땡겨서 치킨

집을 차렸다 망하는' 악순환에서 이제 그만 벗어나자는 절박한 제안이기도 하다.

　　진보 진영은 한국인의 노후보장 논의 테이블에 오직 국민연금만 올려두려는 경향이 있다. 그 결론이 국민연금 소득대체율 인상이다. 오건호는 이 방안이 상식적으로 그럴듯하고, 반박하기 힘들며, 그 나름의 명분을 갖춘 주장이지만, 동시에 현실적으로 어려울 뿐 아니라 이제는 정의롭지도 않다고 본다. 그는 국민연금만 이야기되어온 테이블에 기초연금과 퇴직연금을 함께 올릴 것을 제안한다. 세 공적연금 재설계를 통한 '실질적 소득대체율 인상'이 가능하며, 그것이 우리 노후의 대안이라고 말한다. 솔직히 인기 있는 주장은 아니다. 그러나 기후위기를 부정한다고 해서 위기가 사라지는 게 아니다. 지구를 파괴할 혜성이 다가오는데, '올려다보지 말라Don't look up'고만 할 수는 없지 않은가.

　　오건호는 책상머리에서 '바른말'만 던지는 사람이 아니다. 그는 2007년 연금개혁 당시 진보정당이던 민주노동당의 연금정책 책임자로, 여당인 열린우리당(현 더불어민주당)과 제1야당인 한나라당(현 국민의힘) 사이에서 협상 타결을 이끌어낸 당사자다. 노무현 정부의 연금개혁은 진보 진영이 '개악'이자 '치욕'으로 기억하는 역사이지만, 그는 '진보'의 이름으로 그 일을 했다. 국민연금 소득대체율을 깎으면서 기초연금 도입을 관철했다. 현 시점까지 한국사회가 이루어낸 '마지막 연금개혁'에 참여한 경험자로서 들려줄 수 있는 이야기가 있을 것이다. 동의하든 동의하지 않든, 그의 경험은 시민 모두와 공유할 만한 공적 자산이다.

　무엇보다 오건호의 주장은 노동조합과 시민단체로 대표되는 진보 진영이 과연 노동시장 변화를 정면으로 마주하고 있는지를 묻는다. 예컨대 이런 질문이다. 평균 근속연수가 6년에 불과한 한국사회에서 40년간 꼬박꼬박 보험료를 낼 수 있는 사람은 누구일까? 국민연금 소득대체율을 올리기 위해서 국가재정을 투입한다면, 결과적으로 그 돈의 혜택을 가장 크게 보는 계층은 대기업과 공공부문 정규직인가? 아니면 비정규직이나 영세 자영업자, 프리랜서인가? 나아가 국민연금은 세계에서 가장 높다는 노인빈곤율의 당사자인 바로 그 노인들에게 가닿는 혜택이 맞는가?

　오건호는 또한 진보가 저성장-고령화라는 시대의 변화를 진지하게 고려하고 있는지 묻는다. 국고를 투입하면 된다는 주장은 일견 정의로운 듯하지만, 고령화 사회에서 미래세대가 감당해야 할 부담을 지나치게 낙관하는 것은 아닌가? 한국이 다른 나라에 비해 보험료율이 현저하게 낮다는 사실이나 한국이 처한 절망적 인구 조건, 이를 바탕으로 한 기본적인 연금 재정계산 자체를 불신하고 있는 것은 아닌가? 결국, 연금에서 진짜 진보란 무엇인가?

'스스로 결정할 수 있는 사회'를 위해

물론 이 책은 진보 진영 바깥의 시민들도 읽기에 무리가 없도록, 나아가 정치적 성향과 무관하게 그저 내 노후와 연금이 불안한 일반 독자에게도 유익한 이야기로 구성했다. 현직 대통령과 KBS의 대담처럼 되지 않도록(?) 기자이자 시민으로서 날카롭게 반론을 제기하려 노력했다. 설령 오건호 위원장의 의견에 동의하지 않더라도 누구든 연금에 대한 생각을 정리할 수 있는 책을 지향했다. 연금을 다룬 기사는 대체로 자극적이다. 공포와 불신을 조장하는 시나리오가 판친다. 그도 아니면 어렵고 불친절하거나 양비양시론에 그친다. 최대한 쉬우면서도, 고개 돌려서는 안 될 연금문제의 핵심 쟁점을 나름대로 충실하게 담았다고 자부한다.

먼저 의무 가입에 대한 반감 등 앞에서 소개한 댓글

여론에 대한 답으로 시작해서(1장), 수십 년 뒤의 연금 고갈을 내다보는 재정계산을 정말 믿을 수 있는지(2장), 소득대체율을 올리자는 주장을 어떻게 봐야 할지(3장) 큰 틀에서 짚었다. 이어서 다른 나라는 연금개혁을 어떻게 달성해왔고(4장), 노무현 정부의 연금개혁을 어떻게 평가해야 하며(5장), 우리의 노후를 어떻게 재설계할 수 있을지(6장) 물었다. 2022년 11월부터 이듬해 1월까지 세 차례 대담을 진행했고, 이를 바탕으로 여러 차례 의견을 주고받으며 집필과 수정을 거쳤다.

　　대담을 하면서 오건호 위원장의 반대편 입장에 '빙의'해 그 주장을 곱씹어볼 수 있었다. 보기에 따라서는 여전히 부족할지 모르지만, 소득대체율 인상론이 어떤 도덕 관념과 정의감에 터잡은 주장인지 이해하게 되었다는 의미다. 간단치 않은 문제라는 걸 안다. 그럼에도 양쪽 모두가, 딱지 붙이려는 욕망을 거둬들이고, 한번쯤 멈춰 서서 우리가 직면한 숫자들을 직시했으면 한다. 서로를 악마화하지 않고도 길을 찾을 수 있을 거라고 믿는다. 흔히 소득대체율 인상론을 비판하는 주장에 대해 '세대 간, 계층 간 갈라치기'라고 비난하곤 하는데, 실제 현실이 갈라져 있음을 받아들일 수 있다고 믿는다. 국가와 재벌을 넘어서 '우리' 시민의 책임을 말할 용기를 낼 수 있다고 믿는다.

기실 연금 이슈의 여파는 연금에만 그치지 않는다. 2022년 6월 김용범 전 기획재정부 차관(문재인 정부)을 인터뷰한 적이 있다. 그는 '국민연금 개혁이 확장재정의 전제조건인가?'라는 질문에 "그렇다"라고 답했다. "국민연금을 개혁하지 않으면 지금 상태에서 재정을 다른 데에 최대한 덜 써야 국민연금에서 난 결손을 그나마 메울 수 있다. 이러면 재정을 더 써야 한다는 사람들의 목소리가 그만큼 약해질 수밖에 없다."[*] 기재부가 확장재정, 즉 복지 등에 지출을 늘리는 재정정책에 소극적인 이유의 핵심에 연금개혁의 지지부진함이 있다는 취지다.

그는 국가부채 비율이 몇 퍼센트를 넘어가면 나라가 망한다거나, 아예 무한정 국채 발행을 해도 된다는 양극단의 주장을 넘어 재정정책 여력을 둘러싼 진지한 논쟁이 필요하다고 했다. '연금개혁은 얼마만큼 가능한가, 혹은 불가능한가?'도 그중 하나였다. 물론 기재부를 '뿔 달린 악마'로만 본다면 더 할 말이 없지만, 고령화로 늘어날 재정지출

---

[*] 〈"여기가 기재부 나라냐" 기재부 관료가 답하다〉,《시사IN》 제770호, 2022년 6월 21일.

이 어느 정도일지를 늦게 결정할수록 (즉 연금개혁이 늦어질 수록) 그 피해는 한 사회에서 가장 취약한 사람들이 볼 것이 자명하다는 사실을 잊지 않았으면 한다.

또 한번의 큰 선거가 코앞이지만 이번에도 연금개혁이 핵심 전선이 될 가능성은 낮아 보인다. 한국사회가 중요한 이슈에서 '아무것도 결정하지 못하는 사회'[*]를 넘어설 수 있다면 좋겠다. 그 길에 이 책이 조금이라도 보탬이 된다면 바랄 게 없다. 첫 책에 이어 욕먹을 이야기만 쓰는, 느린 데다 성질 더럽고 고집불통인 저자를 참아준 편집자에게 감사한다.

2024년 3월
전혜원

---

[*]   조귀동, 《이탈리아로 가는 길》, 50쪽, 생각의 힘, 2023.

차
례

2부
연금은 정치다
지속가능한 노후를 위한 연금정치학

일러두기

- 연금 관련 용어 가운데 일부는 대중매체나 일반독자에게 익숙한 단어로 바꿔 썼다.

  예) 기여금/부담금 → 보험료, 급여/급여액 → 연금/연금액

- 공적연금의 명칭은 나라별로 다양하다. 예컨대 한국의 기초연금과 유사한 제도를 일본에서는 국민연금으로 칭하며, 한국의 국민연금을 일본에서는 후생연금이라고 부른다. 오독과 혼선을 피하기 위해 이 책에서는 한국의 국민연금과 비슷한 구조(소득비례형)의 외국 공적연금을 '연금' 또는 '국민연금'으로 통일해 표기했다. 그 밖에 다른 공적연금들도 기초연금·퇴직연금·특수직역연금 등 한국에서 운영되는 유사한 연금 제도의 명칭으로 바꿔서 표기했다.

1부

윈터 이즈
커밍,

노후의
빙하기가
온다

홀로 멸종하는 공룡과
허들링 하는
펭귄 사이에서

2020
4.6명

2030
3.6명

2040
2.6명

2050
1.7명

2060
1.3명

2070
1.0명

연금에
가입하지 않을
자유는 없다

실례지만 몇 년생이세요?(웃음)

저는 1964년생. 만 60세예요. 이제 환갑이네요.

그럼 연금을 언제부터 받으시나요?

1964년생은 63세부터 받으니까, 앞으로 3년 후인 2027년부터 받게 됩니다.

그동안 살면서 꼬박꼬박 보험료를 내셨어요?

제가 공부하느라 소득활동을 뒤늦게 했어요. 18세부터 국민연금 보험료를 낼 수 있는데, 이번에 이력을 조회해보니까 35세부터 냈더라고요. 직장생활을 할 때는 사업장가입자*였다가 복지시민단체에서 활동하면서 지역가입자**로 전환했고, 대학에서 시간강의를 하면 사업장으로 편재되었다가 강의가 없을 때는 다시 지역으로 오고… 엄청 왔다갔다 했죠. 그래서 가입기간이 23년밖에 안 됩니다. 금년까지 보험료를 납부하고, 3년 기다린 뒤 63세부터 매월 86만 원을 죽을 때까지 받을 예정입니다.*** 국민연금 가입 이력과 향후 받을 연금액을 보면 그 사람이 노동시장에서 어떻게 살아왔는지가 고스란히 드러나요. 사실 굉장히 민감한 개인정보죠.(웃음) 전 기자님은 어떠세요?

저는 1988년생이고 2013년 5월에 입사했는데요. 그 다음 달에 9만 1080원이 빠져나갔고, 지금은 다달이 18만 8950원씩 빠져나가고 있어요. 저는 65세가 되는

---

* 　　1인 이상 사업장의 사업주와 노동자.
** 　사업장가입자에 해당하지 않는 자영업자, 프리랜서, 특수고용직, 농어민 등.
*** 현재 국민연금은 60세까지 가입할 수 있디. 연금을 받기 시작하는 나이는 원래 60세였으나 1953년생부터 조금씩 뒤로 밀리고 있다. 1953~1956년생은 61세, 1957~1960년생은 62세, 1961~1964년생은 63세, 1965~1968년생은 64세, 1969년생부터는 65세가 되는 해에 연금 수령을 시작한다.

2053년부터 연금을 받는데요. 60세까지 계속해서 지금처럼 보험료를 낸다면 월 123만 원을 받게 된대요.[*]

제가 월 34만 원 내는데, 지금 보험료율이 월소득의 9%잖아요. 지역가입자인 저는 제가 혼자서 9%를 다 내는 거니까 이게 전부예요. 반면에 사업장가입자인 전 기자님은 절반(4.5%)인 18만8950원은 본인이 내고 나머지 절반은 회사에서 내주니까, 실제로 국민연금공단에 전혜원 가입자가 내는 보험료의 총액은 낸 돈의 두 배인 37만7900원이 됩니다. 저보다 많이 내고 계시니, 저보다 많이 받으실 겁니다. 부럽습니다.(웃음)

사업장가입자의 특권이군요.(웃음) 사실은 저도 나중에 조회해보니까 알게 된 거지, 가입원서를 쓴 적도 없는데 언제 국민연금에 가입됐나 싶더라고요. 그런데 국민연금을 다룬 기사를 쓸 때마다 '연금이 국민의 의무도 아닌데 왜 강제가입이냐' '민간연금처럼 가입 여부는 개인의 선택에 맡기자' '당장 먹고살기도 힘들다' 같은 댓글이 많이 달립니다. 국민연금은 왜 이렇

[*]　국민연금공단 가입내역 안내서를 카카오톡으로 받아볼 수 있다.

게 의무적으로 가입해야 하는 건가요?

같은 질문을 수없이 받았어요. 그만큼 불신이 크다는 뜻이겠죠. 지금 내는 돈을 나중에 돌려받을 수 있을까 하는 불안도 클 테고요. 국민연금을 향한 불신과 불안에 대해서는 차차 이야기를 나누고요.

국민연금이 왜 의무가입이냐고 볼멘소리를 듣는데, 사실 그럴 만합니다. 무엇보다 4대보험 가운데 부담이 가장 크죠. 연평균 3000~4000만 원 버는 한국인의 소득세 실효세율이 연말정산을 거치면 1~2%밖에 안 되는데, 국민연금 보험료는 월소득의 9%(사업장가입자는 4.5%)를 내니까요. 건강보험료*보다도 높죠.

그런데 국민연금 같은 제도를 시행하면서 의무가입이 아닌 나라는 거의 없습니다. 칠레는 공적연금을 민영화했는데, 거기서도 소득이 있으면 연금 가입은 의무예요. 연금을 운용하는 민간 보험사를 선택할 수 있을 뿐이죠. 그럼 국가가 왜 시민들을 연금에 의무적으로 가입시킬까요? 근대사회 이전엔 그런 제도나 의무가 없었어요. 하지만 근대국가의 헌법은 국가라는 공동체가 모든 시민이 일

---

*　2023년 3월 현재 월소득의 7.09%(사업장가입자의 경우 3.545%).

정 수준의 인간다운 삶을 누릴 수 있도록 노력해야 한다고 명시합니다. 특히 노후에는 소득활동이 어렵기에 빈곤층으로 전락할 위험이 높죠. 따라서 국가도 노력하겠지만, 일반 시민들도 공동체의 일원으로서 의무적으로 노후 대비에 참여해야 하는데, 기왕이면 민간 보험사보다는 국가를 통해 함께 준비하자는 취지로 연금 제도를 만들었다고 할 수 있어요.

오래 사는 건 분명 축복이지만, 생계가 곤란할 때까지 오래 사는 건 리스크이기도 합니다. 이른바 '장수의 위험'이죠. 살아가면서 마주할 수 있는 리스크는 이 밖에도 많아요. 본인이나 가족이 병에 걸릴 위험, 일하다 다칠 위험, 경기변동이나 기술변화로 일자리가 사라질 위험… 이런 위험을 개개인이 각자 대비하기보다는 모두의 위험을 한데 묶은 뒤에 각 사회구성원들이 분담하는 제도가 바로 흔히 '4대보험'이라 부르는 사회보험입니다. 장수의 위험은 연금이, 질병의 위험은 건강보험이, 실직의 위험은 고용보험이, 산재의 위험은 산재보험이 감당해요.

사회보험 제도를 가장 먼저 시작한 게 독일이잖

아요. 18세기 후반 독일 제국의 초대 수상 비스마르크는 한창 떠오르던 사회주의를 탄압하면서도, 한편으로는 최소한의 사회안전망을 도입했어요. 1883년 건강보험, 1884년 산재보험, 그리고 1889년에 현 국민연금의 시초가 되는 장애·노령연금을 만들어서 노동자들을 강제로 가입시킵니다. 노동자가 늙거나 아파서 더 이상 일할 수 없을 때도 인간다운 생활을 보장함으로써, 당대 노동운동이 사회주의로 급진화하는 걸 막아선 거죠.

맞아요. 하지만 그런 변화는 노동운동의 성과이기도 해요. 노동자 입장에서 보면, 한창 일할 때야 먹고살 걱정이 크게 없지만 나이 들어 은퇴하고 나면 막막하죠. 그러면서 노후 대비를 노동자 개개인이 떠맡는 것보다, 자신들을 고용한 사용자에게도 일정한 책임을 부여하는 '공적公的연금'이 노동자에게 훨씬 유리하다고 판단하게 된 거죠. 공적 연금의 공익적 요소는 '혜택은 노동자가 보는데 부담은 사용자도 함께 진다'는 겁니다. 그것도 의무로요! 그러니까 이 의무 제도가 가장 불편한 사람은 사실 노동자가 아니라 사용자(기업)입니다. 이후 독일을 비롯한 유럽 전역에서 노동자들이 정치세력화하면서 복지체제를 만들어가는데요.

복지체제의 핵심이 사회보험이고, 사회보험의 핵심이 바로 연금입니다.

그렇게 좋은 취지에서 시작했다고 해도, 당장의 보험료가 부담스러운 사람이 적지 않잖아요? 소득이 낮을수록 더욱 그럴 텐데….

그렇죠. 저만 해도 부담이 만만찮으니까요. 그렇다고 해서 국민연금 가입을 선택에 맡긴다면, 보험료를 내기 어려운 계층부터 공적연금에서 빠져나가게 될 겁니다. 당장 먹고살기 힘들고 미래를 생각할 여유가 없으니까요. 결국 저소득층일수록 노후빈곤으로 빠질 가능성이 더 커지고, 소득이 가장 높은 이들만 공적연금의 혜택을 누리게 되겠죠. 일각에서는 인간이 본래 당장 눈앞의 문제에 집중할 뿐 노후라는 30~40년 뒤의 미래에는 무관심한 성향임을 지적하기도 합니다. 그래서 국가가 시민들에게 강제로라도 노후대비 책임을 부여하는 게 오히려 합리적이라는 거죠.

물론 정말 보험료 납부가 어려운 사람들은 사회가 지원해야죠. 지금도 저임금 노동자들을 위한 두루누리 사회보험료 지원제도가 있고, 농어민들은 1995년부터 보험료 절반가량을 국가가 내줍니다. 실업급여를 받는 사람도 국민연금 보험료를 계속 내고자 하면 정부가 75%를 지원해요.

그리고 보면 저와 같은 도시 지역가입자들만 억울해요. 사업장가입자는 기업(사용자)이 절반, 같은 지역가입자라도 농어민은 국가가 대략 절반 지원하는 데 반해 도시 지역가입자들은 9%를 본인이 다 내야 하니까요. 사실 국민연금 보험료 부담이나 저항이 가장 큰 집단이 지역가입자예요. 방송작가, 학습지 교사, 방문점검원 등 자영업자와 노동자의 성격을 모두 가지고 있다고 해서 '특수고용노동자'로 불리는 분들도 국민연금에선 지역가입자로 편재되니 보험료 부담이 큽니다. 앞으로 이 분들은 모두 사업장가입자 자격을 얻어야 하고, 저와 같은 도시 지역가입자들도 농어민에 준해서 국가가 보험료를 지원해야 해요.[*]

---

[*] 지금은 지역가입자 중 실직·사업중단 등으로 보험료를 내지 못해 '납부예외자'로 분류되었다가 다시 보험료를 내기 시작한 '납부재개지'에 한해 생애 총 12개월 이내에서 정부가 보험료를 일부 지원하고 있다. 2023년 10월 보건복지부가 발표한 연금개혁안에 따르면, 현재 보험료를 납부하고 있는 지역가입자 중 저소득자에게도 보험료를 지원하는 방안이 추진될 예정이지만, 소득 기준을 따지지 않는 농어민 보험료 지원에 비해서는 여전히 지원 대상이 좁다.

보험료 9% 세대가
물려줄
보험료 35% 세상

연금을 폐지하는 것보다는 잘 운용하는 게 가난한 사람을 포함해서 이득이고 다른 나라도 그렇게 하고 있다는 말씀인데, 결국 연금에 대한 거부감의 핵심은 '내가 못 받을 수도 있다'는 불신이거든요. 저도 2053년부터 받는데, 1990년생이 연금을 받기 시작하는 2055년에 기금이 고갈된다는 이야기가 나오니까, '이거 보험료를 열심히 부어봤자 2년 받고 다 떼이는 거 아닌가' 의심하게 됩니다. 일단 그것부터 물어볼게요. 우리가 연금을 받을 수는 있을까요?

2055년이면 제가 91세니 아마 이 세상에 없을 수도 있겠네요. 제가 장담할 일은 아닌 것 같고….(웃음) 전 기자님이 받을 연금이 월 123만 원이라고 했잖아요. 그만큼은 주겠다고 국가가 약속한 거예요. 이렇게 미래에 받을 금액을 확정해놓는 방식을 '확정급여형DB, Defined Benefit plan'라고 해요. 당연히 기자님은 이 금액을 달라고 요구할 권리가 있습니다.

한데 국가가 123만 원을 주려면 어디선가 그 돈을 조달해야 하는데, 그 원천인 연기금(연금기금)이 2055년에 바닥나잖아요. 그래서 기자님의 연금을 지급하기 위해서는 그해에 43세가 되는 우리 아들(2012년생)이 보험료를 내야 할 겁니다. 얼마가 필요할까요? 우리는 지금 월소득의 9%를 보험료로 내는데요. 제 아들 세대가 전 기자님 세대에게 연금을 지급하기 위해서는 지금의 3배에서 4배(26~35%)를 내야 해요. 그러니까 2055년에 기자님이 연금을 받을 수 있을지 여부는 제가 아니라 우리 아들하고 대화를 해보심이…(웃음)

아드님의 연락처가…(웃음) 그런데 아무리 기금이 바닥난다지만 필요 보험료율이 그렇게 폭등하나요? 솔직히 믿기지가 않아요.

예, 당황스럽죠. 하지만 정부가 구성한 제5차 국민연

금 재정계산위원회가 1년간 분석한 결과가 그래요. 왜 그렇게 되는지 들여다보면 두 가지 요인이 겹쳐 있습니다. 첫째는 국민연금 수입-지출의 불균형이에요. 가입자가 연금공단에 내는 보험료(수입)보다 나중에 돌려받을 연금액(지출)이 크다는 말이죠. 미래에 받을 만큼 보험료를 낸다면, 현 제도에서 한국인들은 각자 소득의 20%를 내야 합니다. 그런데 우리는 9%만 내잖아요. 그 부족분은 미래로 계속 넘어가고 있는 거죠. 그러다 기금 소진 이후 연금 지출이 본격화할 때 높은 보험료율로 되돌아오는 겁니다.

또 하나는 인구구성입니다. 저출생-고령화가 심화되면서 국민연금을 받는 사람(수급자)과 보험료를 내는 사람(가입자) 간 인구 균형이 갈수록 무너지는 거죠. 통계청의 장래인구추계(2023년)에 따르면 2024년 15~64세 생산가능인구 대비 65세 이상 고령인구 비중이 27.4%예요. 이걸 '노년부양비'라고 합니다. 쉽게 말해 경제활동을 하는 인구가 부양해야 할 고령층의 비율인데요. 이 노년부양비가 2050년에는 94%, 2080년에는 110%까지 오를 전망이에요. 현재는 젊은 시민 넷이서 노인 하나를 먹여 살린다면, 2070년대부턴 한 명당 노인 한 명꼴로 책임져야 한다는 뜻입니다.

이번엔 국민연금 제도 내부로 들어와서, 보험료를 내는 사람과 연금을 받는 사람의 비율, 즉 '제도부양비'를 볼까요. 국민연금 가입자만 집계하기 때문에 노년부양비보다 상승폭이 더 큽니다. 2023년 24%이던 게 2050년에 96%, 2080년에는 143%까지 올라가요. 나중엔 가입자 한 사람이 1.4명의 연금을 책임져야 한다는 거죠. 이러니 기금 소진 이후 연금재정을 가입자 보험료로만 충당할 경우, 그 부담이 상상 이상으로 가파르게 치솟는 겁니다.

요컨대 받을 것에 견줘 덜 내고 있고, 미래 인구구조도 제도를 유지하는 데 굉장히 불리합니다. 이런 이중고에 따른 국민연금의 재정 불안정은 OECD에서도 독보적이에요. 보험료율을 올리는 연금개혁, 노년부양의 사회적 부담을 낮추기 위해 은퇴 후에도 일할 수 있고, 부담 없이 아이를 낳아 기르도록 돕는 노동시장 개혁이 절실합니다.

무려 소득의 1/3을 보험료로 내야 한다… 아드님이 그 사실을 알고 있나요?

아직 초등학생이니 모르지요.(웃음) 국민연금 보험료는 노사가 절반씩 내는 거니까. 우리 아들이 노동자라면 월급의 13~18%가량을 낼 것이고, 만약 지역가입자라면 본인이 다 내야겠죠. 물론 이건 5년마다 시행하는 국민연금 재정계산 결과에 따른 전망이에요. 2023년 3월에 발표된 것인데, 놀랍긴 하죠. 아무튼 시간이 아주 없는 건 아니니 그 지경까지 가지 않도록 대책을 마련해야겠죠.

분명한 사실은 현행 제도를 그대로 두면 우리 아이들의 미래 부담이 급등한다는 거예요. 한번 자문해봅시다. 이런 추계라면 2055년 이후 나에게 연금이 지급될 수 있을까? 전 기자님은 어떻게 생각하세요?

⋯폭동이 일어날 것 같은데요.(웃음)

바람직한 상상은 아니지만, 예를 들면, 이렇게 되겠죠. 일단 우리 아들이 먼저 보험료 못 낸다면서 거리로 나서고, 기자님은 약속한 돈인데 왜 안 주냐며 또 거리로 나가고⋯.(웃음) 지금 저하고 전 기자님은 긴장관계가 아니에요. 그 덕분에 아주 평화롭게 한국인의 노후를 걱정하는 대담을 나누고 있죠. 하지만 2050년대엔 전 기자님과 우리 아들 세대 간에 엄청난 갈등, 나아가 세대전쟁이 벌어질 위험이 있어요. 기자님이 '약속대로 연금을 달라'고 할 때, 미래세대가 되물을 거거든요. '왜 당신들은 9%만 냈는데 우리는 35%를 내야 하죠?' 이 질문에 어떻게 답해야 할까요? '그래도 내, 인마, 국민연금은 국가가 주기로 약속한 돈이야' 하면 될까요? 그 말이 먹힐까요?

　냉정하게 보면, 세대갈등은 그보다 일찍 터질 수도 있습니다. 재정계산에 따르면 2041년부터 국민연금 재정이 적자로 돌아섭니다. 이후로는 그간 모아놓은 기금을 까먹으며 버티는 거고, 그것마저 소진되는 게 2055년이에요. 그렇다면 2041년부터 보험료 납부를 시작하는 청년 가입자의 마음이 어떨까요? '하, 이거 하필 나 때부터 쭉 적자라는데, 가입하는 게 맞아?' 이런 생각이 들 법하죠. 그보다 조금 앞선 2030년의 신규 가입자도 불안한 건 마찬가질 겁니다. '10년만 지나면 적자로 간다는데….' 국민연금을 둘러싼 세대갈등이 생각보다 먼 미래의 일이 아니라는 이야기입니다. 당장 저와 제 아들이 당사자예요. 2030년대에 저는 연금 수급자고, 아들은 신규 가입자일 테니까요.

모자라는 기금을 세금으로 보충하는 방법도 있잖아요. 가입자에게만 보험료 인상 부담을 지우기보다는 국가재정을 투입하는 편이 더 정의로운 것 아닐까요? 시민의 노후를 국가가 책임진다는 차원에서도 그렇고, 다른 나라들도 공적연금에 국고를 지원하고

있고요

그럴 수 있죠. 앞서 국민연금 보험료 부담이 3배 이상 오른다는 건 재원을 가입자 보험료로만 조달한다는 조건에서 나온 전망인데요. 말씀대로 국가가 일반예산으로 국민연금을 지원할 수 있습니다. 현재의 공무원연금처럼 운용하는 거죠. 그것도 부족하면 국채 발행, 즉 나라가 빚을 내서 예산을 마련하는 방법도 있고요. 그런데 그런 방안들이 한 사회가 감당 가능한 규모일지를 봐야 해요. 우리 아들의 입장에서는 보험료든 세금이든 마찬가지거든요. 조달의 형태가 다를 뿐, 결국 미래세대가 감당해야 하는 부담은 늘어납니다.

게다가 미래세대의 노년부양 부담은 연금만이 아니에요. 의료비도 엄청나게 증가합니다. 그나마 건강보험료는 매년 필요한 지출액을 따져서 보험료율을 다시 결정해요. 노인이 늘어나는 것에 맞춰서 점진적으로 보험료를 올릴 수 있죠. 국민연금은 다릅니다. 지출이 먼 미래에 일어나니까, 보험료를 단계적으로 미리미리 인상해두지 않으면 나중에 필요 보험료율이 폭등합니다. 보험료율 인상 필요성이 제기될 때마다 조건반사처럼 따라붙는 게 '보험료 폭탄' 운운하는 목소린데요. 미룰수록 진짜 핵폭탄으로 커져서 세대전쟁을 부추길 겁니다.

기업에게 더 많이 걷어도 그런가요? 미래세대라고 해도 그 내부에는 부유층도 있고 빈곤층도 있잖아요. 인공지능이 급속도로 발전하면서 인간의 일자리를 로봇이 대체하는 경향이 강화되면, 로봇을 소유하거나 사용하는 자본가에게 세금을 내게 해서 사회안전망에 쓰자는 아이디어도 있습니다. 이른바 '로봇세'죠. 제겐 그럴듯한 방안으로 들리는데, 이렇게 새로운 세수(세금수입)를 확보해서 부족한 연금 재정을 메울 수 있지 않을까요?

로봇세도 결국은 법인세죠. 기업에게 보험료나 세금을 더 걷으면 된다지만, 그 기업 역시 미래세대의 기업입니다. 우리가 '나중에 기업한테 더 받아내라'고 하면 미래세대가 어떻게 대답할까요? '당신들도 못한 일을 왜 우리더러?'라고 반문하지 않을까요? 가뜩이나 미래세대의 총 부담이 지금보다 무거워지는 상황에서, 그 부담의 몫을 어떻게 배분할지까지 현세대가 관여할 순 없습니다. 전 기자님이 약속된 연금 123만 원을 달라고 요구할 수 있지만, 그 돈을 (아마도 노동자가 될) 제 아들과 미래의 기업이 어떻게 나눠 부담할지는 그들 내의 계급관계에 달린 일이에요. 저는 기업의 부담분이 더 커져야 한다는 데 반대하지 않습니다. 단지 그런 발상을 핑계로 현세대가 책임에서 손쉽게 도망치는 걸 경계하는 겁니다.

그럼에도 불구하고 공적연금에 국가재정을 더 투입해야 한다는 주장에 논리적으로 반박하기는 힘듭니다. 국가엔 시민의 노후를 부양할 책임과 역할이 있고, 초고령사회에선 그 몫이 더 커질 테니까요.

중요한 논점입니다. 진보 진영에서는 국가재정이 투입되는 데 무조건 긍정적 혹은 공공적으로 생각하는 경향이 있어요. 대부분의 제도는 그렇습니다만, 그렇지 못한 경우, 즉 역진성*을 띠는 제도라면 거기에 투입되는 국가재정은 오히려 상위계층에 혜택을 주게 되는 거죠.

국민연금이 그런 상황에 놓여 있습니다. 받을 돈에 비해 보험료율이 워낙 낮다보니 오래 가입한 사람일수록, 즉 노동시장에서 안정적인 지위에 있는 분들일수록 '순혜

---

*   복지제도의 소득재분배기능이 강할수록 '누진적', 거꾸로
    상위계층에 혜택이 돌아갈수록 '역진적'이라고 표현한다.

택*이 커요. 있는 사람일수록 납부한 보험료에 비해 더 많이 돌려받는다는 거죠. 과연 이런 제도에 국가재정을 쓰는 게 정의로운 일일까요? 물론 저소득층 보험료 지원, 출산·군복무 등에 따른 연금 크레딧 등에는 예산 지원을 해야겠죠. 그러나 국민연금이 역진성을 띠는 상황에서 그 적자를 메우는 데 국가재정을 투입하는 건 옳지 않습니다. 그보다 가입자들의 보험료 책임을 상식적 수준까지 올리는 게 먼저예요.

결론적으로 '2050년 이후 연금을 받을 수 있을까'라는 물음에 누구도 장담할 수는 없습니다. 대한민국이 존재하는 한 지급은 이루어지겠죠. 그렇지만 현재 확정해놓은 연금액 그대로 지급될지, 아니면 깎여서 지급될지, 깎인다면 몇 퍼센트나 삭감될지, 그 과정에서 어떤 논란과 갈등이 벌어질지 누구도 자신 있게 말할 수 없다는 거예요.

청년들의 우려와 불안에는 근거가 있어요. 국민연금의 미래 재정이 위태로우니까요. 그 우려와 불안이 현실화하는 걸 막으려면 현세대가 할 수 있는 일을 해야죠. 연금 개혁입니다. 자꾸 아들 이야기를 하게 되는데요.(웃음) 나중

* 가입자가 받는 연금 총액에서 납부한 보험료의 총액을 뺀 값.

에 제 아들이 국민연금에 보험료를 내면서 던질 물음에 내가 답할 수 있어야 한다고 생각해요. 그러자면 시간이 없습니다.

'국가의 지급보장'이라는
사기극

국민연금에 대한 불안을 해소하기 위해 윤석열 정부는 '연금 지급보장을 법제화'하는 해법을 고려한다고 합니다. 이전 문재인 정부도 같은 방안을 검토한 바 있는데요.

저는 지급보장 법제화가, 현세대의 가장 무책임한 논리 중 하나라고 생각해요. 물론 말씀대로 시민들의 불안을 해소하겠다는 선의가 없진 않겠죠. 취지는 이해해요. 문제는 '지급보장 법제화'가 실제로 내 연금을 보장하는 게 아니라는 겁니다.

왜 그렇죠?

유사한 취지의 법조문이 이미 마련돼 있어요. "국가
는 이 법에 따른 연금급여가 안정적·지속적으로 지급되도
록 필요한 시책을 수립·시행하여야 한다." 2014년 노동조
합 등 국민연금 가입자단체의 요구로 신설된 국민연금법
제3조 2항 '국가의 책무' 규정입니다. 그런데도 가입자단
체에선 더 강력한 입법을 주장합니다. 공무원연금법처럼
해달라는 거예요. 공무원연금법 제71조 1항은 이렇거든요.
"국가나 지방자치단체는 (…) (연금급여에) 드는 비용을 기
여금, 연금부담금으로 충당할 수 없는 경우에는 그 부족한
금액을 대통령령으로 정하는 바에 따라 부담하여야 한다."
결국 현재 국민연금법에 명시된 '필요한 시책을 수립한다'
정도로는 불안하니, 공무원연금법처럼 '국가 부담' 또는
'지급 보장'이라는 문구를 새겨넣어야 안심하겠다는 거죠.

　　그렇다면 그렇게 강력한 조문으로 무장한 공무원연
금은 약속된 연금을 보장하고 있을까요? 아닙니다. 박근혜
정부 때인 2015년에 공무원연금법을 개정해요. 이때 기존
가입자들이 미래에 받을 연금을 깎는 동시에 수급자, 즉
이미 은퇴한 사람이 받고 있는 연금도 손봤어요. 국민연금
이든 공무원연금이든 매년 물가 인상분을 반영해 연금액
을 조정해줍니다. 구매력 유지를 위해서죠. 그런데 2015년

공무원연금 개정안에서 2020년까지 이 조항의 적용을 중지함으로써, 5년간 연금액을 동결해버립니다. 말이 동결이지, 당시 물가상승률이 연 3% 정도니까, 5년이면 무려 15%의 급여가 삭감되는 겁니다.[*] 이렇듯 '부족분을 국가가 부담한다'는 조항이 명시된, 다시 말해 지급보장이 법제화된 공무원연금마저도 재정안정화에 대한 사회적 요구가 생기면 아무리 약속된 연금액이라도 깎을 수밖에 없습니다.

그래도 가입자 입장에서는 그런 강력한 문구가 있는 게 맘이 놓이지 않을까 싶은데요. 오건호 박사님 말씀은 국민연금 지급보장이 법제화된다고 해도 제게 약속된 월 123만 원이 안전하지 않단 말인가요?

문재인 정부 시기인 2019년 1월, 국회 보건복지위원회에서 국민연금 현안보고가 열렸는데요. 여기서 박능후 당시 보건복지부 장관이 국민연금 지급보장 명문화(법제화)에 대해 이렇게 말합니다. "지급 보장한다고 명시한 시

---

[*] 다만 이후 5년간 물가상승률이 연 1%대에 머물면서, 실제 삭감 효과는 그보다 작았다.

기의 급여(연금)를 보장하는 것이 아니라, 급여가 실제 지급되는 시기에 법에 규정되어 있는 급여 수준을 보장한다는 뜻"이라고요. 정제된 답변이 아니라 좀 아리송하죠. 요약하자면 연금을 주긴 주는데, 얼마를 지급할지는 그 당시 여건에 달렸다는 거죠.[*]

그런데 다시금 지급보장 법제화를 꺼내든 정부가 이 내용을 제대로 밝히고 있나요? 그렇지 않죠. 법제화가 되면 노년의 전혜원 기자에게 약속한 123만 원을 온전히 줄 수 있나요? 그것도 아닙니다. 미래세대가 그만큼 못 준다고 하면, 100만 원으로든 80만 원으로든 깎일 수 있어요. 지급은 하는데, 얼마나 줄지는 당시 상황에 달려 있다는 겁니다.

---

[*]　박능후 복지부 장관의 정확한 발언은 다음과 같다.
　"지급보장이라는 것은 그 법이 적용되는 시점에, 급여를 지급하는 시점에 법에 규정되어 있는 급여액을 보장한다는 뜻이 될 거라고 저는 생각을 합니다. 그래서 급여액 자체는 또 법을 개정하면 바뀔 수 있기 때문에 지급보장한다고 명시한 시기의 급여를 보장하는 것이 아니라 급여가 실제 지급되는 시기에 법에 규정되어 있는 급여 수준을 보장한다는 뜻이 될 거라고 생각을 하고요." 국회 보건복지위원회 회의록, 국민연금 종합운영계획 관련 현안보고, 2019년 1월 18일.

국가의 지급보장이란 게 말만 그럴싸한, 말하자면 허구적 쟁점이다?

맞습니다. 청년들은 연금지급 가능성에 불안해하고 있어요. 그 불안에 정직하게 답해야죠. 지급보장 법제화는 정직한 답이 아닙니다. 2015년 공무원연금 개혁이 불러온 연금 삭감 선례가 있으니까요.

다른 나라도 마찬가지예요. 우리처럼 연금을 얼마 준다고 미리 확정하는 나라들도, 경제·인구 여건이 바뀌면 액수를 조정해요. 핀란드는 은퇴할 때 연금액이 확정되긴 하지만, 이후 늘어난 기대여명*만큼 액수를 줄입니다. 연금을 받기 시작하는 나이, 즉 수급개시연령을 늦추기도 해요. 이것도 결과적으로 생애 총 연금액을 줄이는 방식이죠. 결국 애초 약속한 금액을 지급하려면, 그게 가능한 재정적 토대를 만들어야 해요. 단순히 법조항을 손보는 걸로는 달성할 수 없습니다.

게다가 지급보장 법제화는 오히려 연금개혁을 향한 치열한 논의를 가로막을 수 있어요. 미래세대의 불안을 해

---

*   특정 연령에 도달한 사람이 얼마나 더 살 수 있는지 예측한
     평균생존연수. 현재 65세인 사람이 90세까지 생존한다고 예측될
     경우 기대여명은 25년이다.

소한다면서 지급보장 법제화를 강력히 주장하는 분들이 정작 현세대의 책임, 즉 보험료 부담을 높이는 데는 너무도 소극적 행보를 보이는 게 이를 방증하죠. 민주노총·한국노총·참여연대·한국여성단체연합 등 진보 진영 가입자단체들이 결성한 '공적연금강화국민행동'과 그 주장을 뒷받침하는 전문가·교수 집단이 대표적입니다.

그런데도 지급보장 법제화가 유력한 대안으로 대두된 이유는 뭘까요?

미래의 연금재정 불안을 적당히 뭉개고 넘어가려는 현세대의, 정확히는 가입자단체와 정치권의 문제 회피죠. 이 문제의 정답은 뭐냐? 코앞에 닥친 연금재정의 위기를 냉정하게 공유하고, 연금 제도의 지속가능성과 세대 간 공존을 위한 공감대를 만드는 겁니다. 이를 통해 현세대가 보험료를 더 부담한다는 사회적 합의에 도달해야 합니다. 한데 그 책임엔 눈 감고서 '지급보장 법제화'를 외치며 논점을 바꿔치기 하고 있는 거죠.

연금개혁 논의에서 양대 노총 등 가입자단체의 힘은 막강합니다. 연금개혁과 관련한 모든 의사결정구조에 가입자단체의 추천권이 작동해요. 재정계산위원회, 기금운용

위원회… 이런저런 기구에서 연금개혁 논의가 벌어질 때마다 가입자단체들은 유독 보험료 인상에는 소극적이에요. 그러면 이야기가 이렇게 흘러갑니다. '미래 재정이 불안하지 않나요?' '국가가 있는 한 연금은 지급됩니다.' '국가를 못 믿겠는데요?' '그럼 지급보장을 법에 새깁시다.' 공적연금의 지속가능성은 전 세계 복지국가의 화두입니다. 한국 국민연금의 재정 불안정은 특히 심각하고요. 상황이 이런데도 가입자단체와 정치권은 혹세무민하고 있어요. 지급보장 법제화라는 '뻥카'로요.

그러는 사이 17년이 흘렀어요. 2007년 노무현 정부의 연금개혁 이후 이명박·박근혜·문재인 정부는 국민연금에 손도 대지 못했고, 한국은 세계에서 가장 빨리 늙어가는 국가가 됐습니다. 누군가는 '국민연금 개혁의 골든타임을 놓쳤다'라고 표현해요.

지난 17년이 왜 중요하냐면, 국민연금 가입자의 구성 때문이에요. 한국 최대의 인구 집단은 1955~1963년에 출생한 1차 베이비부머입니다. 한 해 90만~100만 명씩 태어난 세대죠. 그런데 국민연금 가입 자격은 60세 미만이에요. 즉 이 세대의 맏형인 1955년생이 지난 2015년 보험료 납부를 끝낸 것을 시작으로 8년에 걸쳐 1차 베이비부머가 모두 국민연금을 졸업했습니다. 2024년부터는 제 또래인 1964년생을 선두로 이른바 2차 베이비부머가 이 대열에 합세하고요. 베이비부머(1955~1974년생)[*]의 인구는 1700만 명에 육박해요. 다시 말해 한국인의 1/3을 차지하는 거대 집단이 국민연금을 졸업했거나 졸업을 목전에 두고 있습니다.

국민연금 재정의 최대 기여자가 최대 수급자로 돌아선 상황이네요.

그렇죠. 이들이 가입자로 남아 있을 때 보험료를 올렸다면 적잖은 재정 기여를 했을 텐데, 시기를 놓친 거죠. 이제라도 서둘러야 해요. 저출생 시대에 얼마 안 되는 가입자들끼리 미래의 대규모 수급자들을 감당하려면 보험료율 인상 폭이 더 커질 수밖에 없으니까요.^{**}

---

*   베이비부머를 구분하는 기준은 다양하다. 한국에선 통상 조출생률이 가장 높았던 시기(1955~1963)에 태어난 세대를 1차 베이비부머, 이후 합계출산율은 감소했지만 가임여성 인구의 증가로 출생아 수가 늘어난 시기(1967~1974)의 세대를 2차 베이비부머로 보고, 그 사이(1964~1966)에 태어난 세대를 1.5차 베이비부머로 구분한다. 이 책에선 편의상 1·2차로만 구분했다.

**   1970년 100만 명을 넘던 출생아 수는 1980년 86만 명을 거쳐

사실 노동조합을 비롯한 가입자단체의 주축도 베이비부머입니다. 이들이 자신의 이해에 갇혀 허송세월하는 동안 청년 가입자의 짐이 크게 늘어났어요. 문제풀이의 난이도가 훨씬 더 올라간 겁니다. 저야 가입기간이 1년도 안 남았으니 당장 보험료율이 오르더라도 별 타격이 없어요. 남은 사람들이 괴로운 거죠. 아직 국민연금 가입자도 아닌 제 아이들, 그 친구들의 부담은 말할 것도 없고요. 베이비부머의 일원이자 당대의 연금개혁 논의에 빠짐없이 참여한 사람으로서 정말 미안합니다.

댓글 여론을 하나 더 소개할게요. 국민연금을 다룬 기사에는 '다단계 사기다' '폭탄 돌리기다' '먼저 가입한 사람만 남는 장사고, 젊은 세대는 연금을 떼이거나 쥐꼬리만큼 받을 거다'라는 댓글이 많이 달립니다. 이런 진단에 근거가 있다고 봐야 할까요?

우리 국민연금을 보면, 나중에 받을 돈의 절반도 채 안 내고 있어요. 은퇴 뒤 받는 연금액이 일할 때 벌던 소득

1990년 64만 명, 2010년 47만 명으로 급락했다. 2023년 출생아 수는 23만 명이다.

의 몇 퍼센트를 대체하는지 나타내는 지표를 '소득대체율'이라고 하는데요. 현재 소득대체율이 40%입니다.* 현재 스무 살인 가입자가 은퇴 후 90세까지 약속된 금액을 받을 수 있게 기금을 유지하려면, 월소득의 9%가 아니라 20%를 보험료로 내야 해요.

우리가 여행 계모임을 한다고 해봐요. 각 멤버가 20만 원씩 내면 마지막 계원까지 행복하게 곗돈을 타고 제주도나 해외여행을 다녀올 수 있어요. 그런데 지금은 9만 원만 내고 있습니다. 이러면 일찍 타간 사람들은 문제가 없는데 뒷사람들은 받을 돈이 없어요. 각자가 덜 낸 11만 원만큼의 부족분이 계속 뒤로 가죠. 일반 계모임이라면 이런 구조는 지속불가능할 테니 '다단계 사기'나 '폭탄 돌리기'라는 지적이 틀리지 않습니다.

의료비(국민건강보험) 지출이라면, 그해 필요한 액수만큼 재정을 마련해요. 뒤에 이야기할 기초연금도 그렇고요. 오직 국민연금만이, 보험료는 지금 내지만 연금은 미래에 받기로 약속되어 있기 때문에, '덜 내고 많이 받는' 제도의

---

* 2024년 42%이고 해마다 0.5%p씩 낮아져 2028년부터 40%가 된다. 이 책에서는 편의상 40%로 통일했다.

설계가 가능합니다. 그래서 이 방식에서 현세대가 2055년 기금 소진 전까지 받게 될 국민연금은, 사실상 미래세대가 그들 자신의 노후를 준비하기 위해 낸 돈을 미리 당겨쓰는 것과 다름없죠.

그렇더라도 인구가 꾸준히 증가하고 경제 전망이 긍정적일 땐 이 방식이 문제없이 작동합니다. 20세기 중반에 성숙 단계에 들어선 공적연금이 그랬죠. 이를 '세대 간 연대'라는 아름다운 명칭으로 부르기도 합니다. 후대로 갈수록 노년부양 여건이 탄탄해지니 굳이 '낸 것과 받을 것'의 관계를 따지지 않았어요. 그런 손익계산은 민간이 운영하는 사적연금에서나 가리는 일이라고 치부하면서 말이죠.

그런데 오늘날의 공적연금 환경은 거꾸로 가고 있습니다. 시간이 갈수록 인구·경제 여건이 나빠지는 거죠. 공적연금을 도입하고 성숙시킨 서구 복지국가들도 이런 변화에 맞춰 현세대의 기여도(보험료율)를 높이고 돌려받을 연금액은 깎는 방향의 개혁을 추진했습니다. 저는 현 단계에서 미래에 받을 만큼은 내자는 연금개혁이 사적연금의 논리가 아니라 공적연금의 붕괴를 막기 위한 선도적 조치라고 봐요. 이게 성공해도 미래세대는 의료비·기초연금 등 노년부양에서 우리보다 훨씬 큰 부담을 집니다. 말 그대로 현세대가 져야 할 책임의 최저치죠.

따라서 우리는 '덜 내는 보험료'에 문제의식을 가져야 합니다. 공적연금을 '다단계 사기' 같은 범죄에 빗대는 게 적절하진 않지만, 거기에 담긴 불편한 진실을 부정하기도 어렵습니다. 다음 세대에 굉장히 불공평한 제도 운영이라는 점을 직시해야 해요.

앞서 1990년생이 연금을 받기 시작하는 2055년에 기금이 바닥난다고 했습니다. 그렇다면 연금 수급이 불안해지는 단층선은 90년생이라고 봐야 할까요?

기금 소진 시점에 65세가 된다는 이유로 1990년생이 상징적으로 호명되지만, 그 앞에 있는 세대도 마찬가지예요. 1988년생인 전 기자님도 2053년부터 2년 받다가 3년째부터는 90년생과 같은 처지가 되죠. 물론 제도가 현행 그대로 유지될 때의 가정입니다.

이런 일을 막기 위해 보험료를 올리자고 하면, 결국 청년세대의 부담을 키우는 게 아니냐고 되묻는 사람들이 있어요. 맞아요. 커집니다. 그러나 일하는 인구가 조금이라도 더 많을 때 함께 분담하는 것과 나중에 청년들만 남아서 높은 보험료율을 감당하는 것은 부담의 사이즈가 다릅니다. 그래서 오히려 청년들이 기성세대를 붙잡고 설득해야 해요. 같이 더 내자고. 기왕이면 머릿수가 많은 현재 50대가 국민연금을 졸업하기 전에 말이죠. 저는 이 문제가 우리 공론장의 핵심 이슈가 되는 게 연금개혁의 관건이라고 봐요. 그렇게 해서 전 사회적 합의를 끌어내야 합니다.

공무원·사학·군인연금 개혁이
먼저라는 주장에
대해

보험료를 더 내야 하는 필요성에 동의하면서도, 공무원·사학·군인연금과 비교하면 억울한 마음이 들기도 합니다. 이들 연금은 적자가 나도 국가에서 세금으로 다 메워주니까요. 그렇다면 국민연금을 개혁할 때 하더라도 공무원연금부터 먼저 개혁해야 하는 것 아닌가요?

공무원연금은 대표적인 '특수직역연금'이에요. 옛날에는 공무원의 박봉을 보상하는 후불임금, 즉 '나중에 얹어주는 임금'의 성격이 강했어요. 공직 바깥의 시민들도 수긍할 수 있는 논리였죠. 하지만 지금은 아니에요. 2022년 공무원 평균 근속연수가 14.6년입니다. 전체 일자리 평균 근속연수

(5.4년)의 세 배에 가깝죠. 공무원 평균임금은 월 539만 원. 국민연금 전체 가입자 평균소득 월 268만 원의 두 배죠. 최근 들어 공무원직 인기가 시들하다지만, 전체 노동시장에서 연금을 더 챙겨줘야 할 만큼 불리한 일자리라고 보긴 어려워요. 그렇다면 공무원만을 위한 연금 제도를 따로 운영할 이유가 사라진 셈이죠. 국민연금과 공무원연금을 통합해야 합니다.

통합에는 제도(보험료율-소득대체율)를 국민연금에 맞추는 방식과 재정까지 합치는 방식이 있는데, 현실적으로 제도 통합이 우선이라고 봐요. 어떻든 이걸 하려면 결국 국민연금이 정리되어야 합니다. 누군가는 국민연금 개혁과 공무원연금과의 통합을 한꺼번에 하자고 합니다만, 복잡한 문제는 하나씩 푸는 게 좋겠죠. 국민연금-공무원연금 통합에 대해서는 2022년 대통령선거를 거치면서 사회적 공감대가 만들어졌다고 봐요. 따라서 국민연금을 먼저 개혁하고, 그다음에 공무원도 같은 제도로 개편된 연금에 가입하는 게 자연스럽다고 봅니다.

그럼에도 불구하고 공직사회 바깥에선 공무원연금을 더 손봐야 한다고 생각합니다. 2022년 공무원연금

1인당 평균 수령액이 월 250만 원인데, 국민연금 1인당 평균 수령액(약 55만 원)의 네 배가 넘습니다. 둘 중 선택할 수 있다면 누구라도 공무원연금을 고를 텐데요. 이런 걸 보면 공무원연금이 여전히 너무 후하게 설계되어 있지 않나요?

과거엔 확실히 그랬는데, 지금은 아닙니다. 현재 공무원연금에 보험료를 내는 젊은 공무원들이 국민연금 가입자에 견줘서 특혜를 보고 있지는 않아요. 국민연금을 두 차례(1998·2007) 개혁하는 동안, 공무원연금은 네 차례(1995·2000·2009·2015) 손을 봤습니다. 특히 2015년에는 고강도의 개혁을 했어요. 그런데 왜 지금도 연금액이 네 배씩 차이 나느냐? 일단 보험료율이 18%로 국민연금의 두 배예요. 연금을 받기 시작한 사람의 평균 가입기간도 국민연금이 17.4년인데, 공무원연금은 26.1년에 달하고요(2019년 기준). 결국 가입기간이 길고 많이 내니깐 돌려받는 연금액이 높은 거지, 수입·지출 구조는 두 연금이 비슷합니다. 물론 일반 시민과 공무원의 노후보장 수준은 맞춰가야겠지만, 그건 연금 제도 너머의 노동시장에서 풀어야 할 문제겠죠.

'강력하게 조직된 소수'인 공무원 집단이 통합에 동의할까요? 형평을 따지자면 그들도 할 말이 많을 텐데요. 공무원은 민간 퇴직금의 39%에 해당하는 금액만을 퇴직수당으로 받고 있습니다. 노동조합을 만들고, 교섭하고, 파업할 권리(노동3권, 단결권·단체교섭권·단체행동권)도 온전히 누리지 못하고 있고요.

충분히 토론해볼 문제예요. 제가 가입자 입장에서 공무원연금과 국민연금의 수입-지출 구조가 비슷하다고 했는데, 상대적으로 박한 공무원의 퇴직금을 감안해도 그렇습니다.

어떻든 연금 통합의 필요성에는 공감대가 마련되었다고 보면, 이제 구체적으로 어떤 형태의 통합이냐를 따져봐야겠죠. 예를 들어, 현재 재직 공무원은 현행대로 가고 신규 가입자만 새 제도에 넣는 건 의미가 크지 않아요. 또 재직 공무원까지 단계적으로 국민연금 방식에 들어온다고 해도 두 연금의 운영을 같이할지, 별도로 할지도 쟁점이에요. 가장 '사회 연대적' 통합은 공무원과 국민연금 가입자가 한데 뒤섞이는 거예요. 그러면 공무원의 비교적 높은 소득 덕분에 (국민연금 연금액을 결정하는 주요 변수인 '국민 평균소득'이 올라가면서) 저소득 가입자의 연금이 올라가겠죠. 여기서 '연대'가 이뤄집니다.

아름다운 이야기이긴 한데, 공무원 입장에서는 쉽게 납득할 수 있는 문제는 아닌 것 같습니다. 당장 자기가 받는 연금액이 깎일 가능성이 크니까요.

유인이 필요하죠. 예를 들어, 공무원들이 5000만 시민과 노후를 함께하는 대신, 파업권을 포함한 노동 3권을 전면 요구한다고 해봐요. 과거와 달리 시민들이 적극 지지해주지 않을까요? 이미 공무원 등 특수직역과 일반 시민 사이에 커다란 노후 격차가 갈등과 반목을 일으키고 있습니다. 연금통합은 이런 상황을 '사회 연대'로 반전시키는 게임체인저가 될 수 있다고 봐요.

공무원연금을 이야기할 때마다 따라붙는 또 다른 특수직역연금이 있죠. 사학연금과 군인연금. 이 두 연금은 어떻게 해야 되나요?

공무원연금과 사학연금, 군인연금은 설계도가 거의 같습니다. 그래서 특수직역연금으로 묶어서 취급해요. 공무원연금 개혁이 있을 때마다 나머지 두 연금도 같이 손을 봤고요. 의아한 일은 가장 최근의 2015년 공무원연금 개혁안이 군인연금에는 아직까지 적용되지 않고 있다는 겁니다. 정치인도 연구자도 이 문제를 거의 이야기하지 않아요. 군인연금에 관해서는 자료를 구하기도 어렵고요. 혹자는 분단국가에서 군인의 특수성을 고려해야 한다는데, 한창 일할 나이에도 전역 직후부터 군인연금을 받는 현 제도를 유지해야 하는지에 대해선 공동체의 재검토가 필요하다고 봐요.

　　군인연금은 1973년, 공무원연금은 1993년부터 재정 적자가 발생했습니다. 그걸 각각 1973년, 2001년부터 국고로 충당하고 있죠. 공무원연금 적자규모는 2023년 6조 1000억 원(GDP 대비 0.27%)에서 2093년 15조 원(0.35%)으로, 같은 기간 군인연금 적자는 1조9000억 원(GDP 대비 0.08%)에서 4조5000억 원(0.1%)으로 늘어날 전망이에요. 사학연금은 사정이 좀 낫다지만 2029년부터 적자로 전환되고, 2093년에는 그 규모가 5조3000억 원에 이를 걸로 전망합니다.[*]

　　특정 직군을 악마화해서는 안 되지만, 아무리 특수직

---

[*]　　불변가격 기준, 국회예산정책처, 〈공적연금개혁과 재정전망〉, 2022.

역의 연금이라도 공동체가 감당 가능해야 하고 일반 시민과의 형평도 확보해야 합니다. OECD 38개 회원국 가운데 공공부문 노동자public sector worker와 민간부문 노동자private sector workers의 연금을 완전히 분리해 운영하는 경우는 소수입니다. 한국·벨기에·프랑스·독일 4개국뿐이에요. 그리스·이탈리아·일본·포르투갈·스페인 등 대부분은 오래전부터 공적연금을 통합하는 방향으로 변화하고 있습니다. 우리도 그렇게 가야죠.

앞서 답변과 묶어서 이해한다면, 현행 국민연금의 저부담-고급여 구조를 먼저 손보고, 그렇게 개혁된 국민연금 체제로 공무원을 비롯한 특수직역의 연금을 일원화해야 한다는 뜻인가요?

그렇습니다. 한국은 국민연금과 특수직역연금의 보험료율 격차가 너무 크기 때문에 국민연금 개혁이 선행 과제예요. 국민연금·기초연금 등 일반 시민에게 적용되는 공적연금 체계를 먼저 정돈하고, 이어서 공무원과 군인·교사들도 이 체계로 흡수하는 2단계 개혁이 바람직합니다.

국민연금 개혁이든 공적연금의 통합이든 지향은 같습니다. 연금의 위기는 곧 우리 노후의 빙하기를 의미해요.

빙하기에 홀로 멸종하는 공룡이 될 수도, 아니면 집단 전체가 허들링huddling(남극의 펭귄들이 체온을 유지하기 위해 몸을 꼭 붙인 채 겹겹의 원형을 이뤄 빙글빙글 도는 것. 이 과정에서 가장 따뜻한 무리 안쪽의 펭귄과 바깥쪽의 펭귄이 계속해서 자리를 바꾸는 게 특징이다.) 하며 혹한을 견뎌내는 펭귄이 될 수도 있겠죠. 분명한 사실은 지금껏 그래왔듯 연금개혁을 뒤로 미룰수록 미래세대는 혹독한 겨울을 맞으리라는 거예요. 후대에 그런 재앙을 안기느냐, 동시대 모든 시민이 조금씩 책임을 분담해서 온기를 가진 겨울을 맞을 것이냐, 지금 여기가 기로입니다.

연금 고갈을
못 믿겠다는
이들에게

02

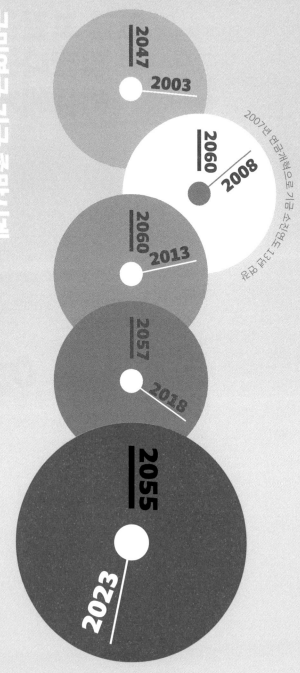

국민연금 기금 충말시계

출처 : 기금 소진연도 / 분침 : 재정계산 시점

2047
2003

2060
2008

2007년 연금개혁으로 기금 소진연도 13년 연장

2060
2013

2057
2018

2055
2023

기금을 잘 굴리면
고갈을
막을 수 있다?

독자 입장에서도 국민연금 관련 기사엔 선뜻 손이 안 가요. 열어보면 '기금 종말시계가 빨라졌다'고 나오는 식이니 매번 우울하고 불안하죠. 그러다 보니 운영 주체인 국민연금공단에 대한 불신도 큽니다. '거기 직원들은 기금 관리도 못하면서 고연봉에 성과급 잔치를 벌인다'는 거죠. 특히 2022년 기금운용 수익률이 −8.22%로 2008년 금융위기(−0.18%), 2018년 미중 무역분쟁 여파(−0.92%)에 이어 세 번째로 마이너스를 기록했습니다. 그렇다면 국민연금의 어두운 미래엔 공단의 부실한 기금운용이 한몫한다고 봐야하지 않을까요?

2022년의 튀는 수익률은 외부 변수, 그러니까 전 세계 주식시장이 워낙 침체한 데다가 채권 가격까지 내려간 결과로 봐야죠. 국민연금기금은 초장기 운영 펀드예요. 긴 안목에서 평가해야 합니다. 당장 이듬해인 2023년에는 기금운용 수익률이 무려 12%, 수익금만 100조 원이에요. 단기적 성과에 일희일비할 필요는 없다고 봅니다.

외국 연기금보다 수익률이 낮다는 보도가 많은데, 위험자산에 투자하면 그만큼 기대수익이 올라갑니다. 대신 리스크가 따르죠. 2008년 금융위기 때 노르웨이 연기금(GPFG)이 −23.3%, 네덜란드(ABP)가 −20.2%, 캐나다(CPPI)가 −18.6%까지 수익률이 하락한 데 견주면 국민연금기금은 안정성을 유지하면서도 상당한 수익을 거둬왔어요. 2023년 10월까지 국민연금이 조성한 기금 총액은 1301조 원입니다. 이 가운데 보험료 수입이 787조 원이고, 기금운용수익이 514조 원이에요. 전체 조성액의 약 40%가 운용수익입니다. 여기서 연금 지출을 제외하고 남은 적립금이 968조 원에 달해요.

1988년 국민연금 제도가 도입된 이후 2022년까지의 누적 연환산 수익률은 5.11%예요. 다른 나라와 비교해도 나쁘지 않습니다. 국민연금공단 자료를 보면, 2008~2022

년 평균 수익률은 캐나다 연기금 CPPI가 7.6%, 노르웨이 GPFG가 5.5%, 네덜란드 ABP와 한국 국민연금이 5.1%, 일본 GPIF가 3.8%예요. 최근 5년은 어떨까요? 캐나다 연기금 8.1%에 이어 한국 국민연금이 4.2%로, 노르웨이 연기금과 동률이고 일본·네덜란드보다 높습니다. 어떻게 잘라서 보든 한국 국민연금의 기금운용 성과를 낮게 평가하긴 어려워요.

물론 매달 꼬박꼬박 보험료를 내고 있는데 고갈이니 뭐니 하는 뉴스가 들리면 속상하죠. 결국 화풀이할 대상이 필요하고, 그때마다 소환되는 게 국민연금공단이에요. 사실 공단이 빌미를 주기도 했죠. 2015년 제일모직-삼성물산 합병 건에서 두 회사의 주주였던 국민연금공단이 찬성표를 던집니다. 양사의 합병 결과가 공단에 불리했는데도 말이죠. 결국 당시 보건복지부 장관과 국민연금공단 기금운용본부장이 국민연금의 선택에 압력을 가했다는 혐의로 징역형을 선고받았어요. 국민연금공단이 주인인 가입자가 아니라 재벌과 정권을 위해서 일하는 것 아니냐는, 그간의 불신에 불을 지른 사태였죠. 다행히 이후로 기금운용의 투명성은 개선되고 있어요. 감시와 비판은 계속해야 하지만 연금재정의 불안이 기금운용을 잘못해서라는 주장은 사실과 다릅니다.

그래도 가입자 입장에서는 그 큰돈을 잘 굴려서 고갈을 막거나 늦출 수 있을 거라고 기대하는 게 사실이에요. 보험료를 올리기 워낙 어려우니까요.

맞습니다. 수익률 개선은 중요해요. 제5차 국민연금 재정계산에 따르면, 기금수익률을 1%p 높이면 기금 고갈 시점이 5년 늦춰집니다. 보험료율을 2%p 올린 것과 같은 효과죠. 따라서 연기금 수익률을 올리기 위해 노력해야 합니다. 하지만 2022년 −8.22%라는 수익률을 경험했듯이, 기금운용 상황을 지나치게 낙관하고서 연금재정을 전망하기는 어려워요. 무엇보다 국민연금은 개인의 여유자금이 아니라 전체 국민의 노후예탁금이라는 사실을 잊어서는 안 됩니다. 수익성 말고도 공적연기금이 추구해야 할 가치는 많아요. 공공성, 안정성, 지속가능성 같은 것들이죠.

연금 재정계산은
미래학이
아니다

한편으로는 1000조 원 넘게 쌓인 돈이 정말 고갈될까 의심스럽기도 합니다. 2055년에 국민연금이 바닥난다는 예측은 2023년을 기준으로 70년 뒤의 재정 상태를 계산한 결과인데요. 그걸 어떻게 믿을 수 있나요? 1950년대에 70년 뒤 한국이 세계 10대 경제 대국이 된다는 걸 '과학적'으로 예측할 수 없었듯이, 긴 시간 동안 통제하기 힘든 수많은 변수가 끼어들 텐데요.

한국 국민연금은 2003년부터 5년마다 재정계산을 하고 있습니다. 향후 70년간 적립금이 얼마나 남아 있을지 진단하는, 일종의 건강검진이죠. 첫 재정계산에서 2047년

이면 고갈된다는 예측이 나왔어요. 그런데 2008년과 2013년의 2·3차 재정계산 때는 그 시점이 2060년으로 밀립니다. 2007년 노무현 정부의 연금개혁이 13년의 시간을 벌어준 거죠. 그러다가 4차 계산(2018)에선 고갈 시점이 다시 2057년으로 앞당겨집니다. 5차(2023)에선 2년 더 당겨지고요. 당연한 결과입니다. 그동안 아무런 추가 개혁이 없었고, 인구 지표는 더 나빠졌으니까요. 그런데 계속해서 전망이 악화하면서 전문가 중에서도 이른바 '70년 추계 불가지론'을 설파하는 경우가 나오기 시작했어요. 5년도 10년도 아닌 70년 뒤 예측을 어떻게 믿느냐는 거죠.

서글픈 일이에요. 소위 전문가라면서 연금 재정계산의 방법론을 이해하지 못하고 있다는 자기고백이나 다를 바 없습니다. 오해하는 분들이 많은데요. 연금 재정계산은 미래학이 아닙니다. 쉽게 말해 대한민국 초대 정부가 출범하던 1948년에, 70년 뒤 인터넷과 스마트폰을 사용할지 안 할지, 인공지능이 얼마나 발달할지 따위의 사회상을 예측하는 게 아니란 뜻이에요. 연금 재정계산은 해당 시점에 국민연금 지출의 총량과 수입의 총량, '두 면적의 균형'을 보는 거예요. 70년 뒤에 전체 연금지출이 100이고 연금 수입이 100이면 지속가능하지만, 수입이 50인데 지출이 100

이라면 불안정하니 어떤 조치가 필요하다고 판단하는 식이죠.

전 기자님 말씀대로 연금 수입-지출 계산에 고려해야 할 변수들이 있습니다. 핵심은 인구와 소득이에요. 우선 연금을 낼 사람과 받을 사람의 수를 알아야 하니 합계출산율과 65세 이후의 기대여명을 알아야겠죠. 다음으로 가입자들의 소득을 알아야 합니다. 국민연금은 소득의 9%를 보험료로 걷고, 일할 때 벌던 소득의 40%를 은퇴 후에 돌려줘야 하니까요. 그래서 이 소득을 추정하는 데 경제성장률, 임금상승률 등이 더 필요합니다.

그렇다면 어떻게 70년 후의 경제성장률과 임금상승률을 알아맞힐 수 있을까요? 정부든 은행이든 당장 내년의 경제성장률 전망도 틀리는 판인데요.

틀려도 돼요.

예?

미래의 경제성장률이 1%든 3%든 정확하게 맞추는 게 중요하지 않다는 뜻이에요. 현재 시점에서의 전망치와 미래의 실제 성장률이 다른 건 자연스러운 일입니다. 말씀대로 정확하게 맞출 수도 없고요.

중요한 건 국민연금의 수입은 가입자 소득의 9%, 지출은 가입자 소득의 40%로 결정된다는 사실이에요. 수입-지출의 면적이 가입자 소득이라는 동일한 변수에 연동됩니다. 그러니 미래 시점에 경제성장률이, 거기에 영향을 받는 소득이 구체적으로 얼마인지는 틀려도 돼요. 소득이 증가하면 국민연금의 수입-지출도 늘겠지만, 실제로 얼마나 늘어나는지는 핵심 관심사가 아니란 거죠. 문제는 밸런스예요. 다시 강조하지만 재정계산은 국민연금에서 수입-지출의 면적비를 보는 겁니다. 적자액이 구체적으로 얼마일지, 경제성장률이 얼마일지를 알아맞히는 게 아니에요.

그 말이 맞다고 해도, 앞서 밝히신 대로 운용수익이 늘어나면 기금 고갈 시기도 뒤로 미뤄지는 것 아닌가요?

맞아요. 기금수익률은 국민연금의 수입에 영향을 미치는 요인 중 하나예요. 그리고 국민연금의 지출에는 물가도 영향을 미칩니다. 연금액을 지급하는 연도의 물가에 맞춰서 조정하니까요. 그래서 두 요인(기금수익률, 물가상승률)도 재정계산에 반영합니다.

그렇다면 다시 한번 같은 질문을 드릴 수밖에 없는데요. 70년 뒤의 기금수익률이나 물가상승률을 어떻게 예측하죠?

기금수익률·물가상승률은 경제성장률이나 임금상승률과 동행하는 변수입니다. 소득이 늘어나는데 물가가 하락하거나 기금수익률이 떨어지는 일은 흔치 않잖아요. 그 밖에도 오차를 만들 변수가 존재하겠지만, 그것들이 미래 재정의 전체 밸런스를 좌우하는 관건은 아니에요.

물론 이 변수들이 미치는 영향을 살펴볼 필요는 있겠죠. 그걸 '민감도 분석'이라고 해요. 예컨대 기금수익률을 가정치보다 올리거나 낮춰서 전망해보는 거죠. 그렇게 해도 미래 연금재정의 추이는 대동소이합니다. 5차 재정계산에서 가정한 기금수익률이 연평균 4.5%인데요. 같은 기간에 기금을 아주 잘 굴려서 5.5%의 수익률을 거둔다 해도 소진 시기는 2060년으로 5년 연장되는 정도예요. 매년 수익률 1%p를 더 올린다는 게 말이 쉽지, 굉장히 공격적 목표입니다. 그런 하이 리스크-하이 리턴식 기금운용이 공적연금에서 적절한지에 대해서도 논란이 분분하고요.

어떻든 일정한 기금수익을 기대하더라도, 장기적 관점에서 국민연금 재정의 핵심은 보험료 수입과 연금 지출이고, 둘 모두 소득이라는 동일 변수에 연동된다는 사실이 가장 중요해요. 따라서 경제성장률·임금상승률 등 경제 변수의 구체적 수치가 달라지더라도 70년 뒤를 예측한 재정계산 방법론은 충분한 타당성을 가집니다. 수십 년 전부터 주요 선진국에서 사용하고 있는 방법이고, 우리도 그들에게 배워온 거예요.

그렇더라도 기금운용수익의 효과를 평가한 대목은 여전히 의문이 남습니다. 2023년 10월까지의 기금수익 514조 원은 국민연금 총 조성액(1301조 원)의 40%를 차지하는데요. 이 정도로 막대한 수익이 어째서 국민연금 수입-지출 균형에 큰 변수가 아니라는 거죠?

5차 재정계산에서도 그렇고, 윤석열 정부도 그렇고 최근 들어 부쩍 기금수익을 주목하고 있습니다. 국민연금공단 기금운용본부가 투자를 잘해서 보험료 부족분을 메꿀 수 있다는 거죠. 안타깝지만 과장된 기대예요. 기금수익이 미래세대의 부담을 완화하는 건 맞습니다. 그러나 우리가 진짜 주목해야 할 건 그 완화의 규모예요. 말씀대로 기금수익이 기금 총액의 40%고 수익률이 연 4~5%라고 하니 막대해 보이지만, 문제는 그 기금수익 모두가 미래세대

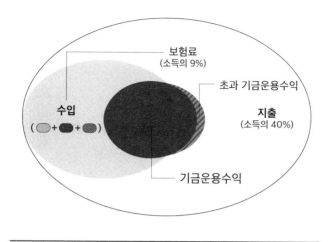

보험료
(소득의 9%)

수입

(⬭ + ⬮ + ⬭)

초과 기금운용수익

지출
(소득의 40%)

기금운용수익

[그림1] 국민연금 수입-지출 구조

의 부담, 다시 말해 보험료 부족분을 줄여주는 재원이 아니라는 거예요.

　[그림1]을 보고 설명해볼게요. 가장 바깥의 큰 원은 미래 국민연금 지출 총량이고, 안쪽의 보라색 동그라미 두 개가 수입 총량이에요. 보험료(60%)와 기금운용수익(40%)의 합인데, 지출 면적의 절반이 채 못 되죠. 무엇보다 기금운용수익은 전체 수입의 40%를 차지하니 커 보이지만, 대부분은 용도가 정해져 있습니다. 실제로 보험료 부족분을 메꾸는 비율은 얼마 안 된다는 뜻이에요.

무슨 말이냐면, 국민연금은 가입자의 소득 증가율을 반영해서 연금을 지급하도록 설계되어 있습니다. 지금 100만 원을 버는 사람이라도 20~30년 뒤 연금 수급자가 됐을 때는 소득이 200만 원으로 늘었다고 계산하고 그만큼 올려서 (현 체제에서는 40만 원이 아니라 80만 원을) 지급하는 거죠. 이걸 '급여 재평가'라고 하는데, 여기에 드는 돈이 기금 수익에서 빠져나갑니다. 다시 말해 기금수익은 대부분 소득 증가율 보전에 사용되고, 그 나머지 금액(초과 기금수익)만이 실제 보험료 부족분을 충당한다는 의미입니다. [그림 1]에서 보면 기금수익 동그라미(진보라색+줄무늬) 중 줄무늬 부분이 보험료 부족을 커버하는 초과수익입니다.

5차 재정계산은 미래 기금수익률을 4.5%, 임금상승률은 3.7%로 가정합니다. 그렇다면 기금수익률 가운데 실제 재정안정 기여분은 0.8%p 정도죠. 그 바깥쪽의 넓은 구역은 미래세대의 부담으로 남습니다. 정리하면 앞으로도 기금수익을 높여가야 하지만, 그것이 현재 국민연금 수입-지출의 총면적 구조 자체를 바꾸는 변수는 아니에요.

재정계산의 핵심 변수 하나가 가입자들의 소득(과 이
에 연동될 보험료율·소득대체율)이고, 다른 하나가 인구

라고 하셨는데요. 65세 이후 기대여명이 늘어서 연금을 오래 받는 사람이 증가하는 건 어쩔 수 없지만, 합계출산율*은 지금보다 개선될 여지가 있지 않나요? 젊은 이민자를 많이 받아서 고령화를 막는 방식도 있겠고요. 이렇게 보험료를 낼 인구를 충원해서 기금 고갈을 늦출 수는 없나요?

사실 5차 재정계산에서 이미 전 기자님의 희망처럼 합계출산율 상승치를 반영하고 있습니다. 2000년 1.48명, 2010년 1.23명, 2022년 0.78명으로 급락해온 합계출산율이 반등해서 2030년 0.96명, 2040년 1.19명, 2050년 이후에는 1.21명을 유지한다는 건데요. 상당히 낙관적인 전망이죠.** 물론 예측이 맞길 바라지만, 지난 십수 년간 늘 현실이 기대를 밑돌았다는 걸 감안해야겠죠.

그리고 당장 합계출산율을 높인다고 해도 그 효과는 한참 뒤에 나옵니다. 첫 직장 입사 연령이 점점 올라가는 상황이다 보니 25~30세나 되어야 국민연금 보험료를 내기 시작할 테니까요. 재정계산위원회의 합계출산율 민감

---

* 가임여성 1인이 평생 낳을 것으로 예상되는 평균 출생아 수.
** 2023년 12월 통계청이 발표한 장래인구추계에 따르면, 2025년의 합계출산율은 0.65명, 2072년엔 1.08명이다.

도 분석 결과도 긍정적이지 않습니다. 통계청의 가장 낙관적 예측치(2030년 1.16명, 2050년 이후 1.4명)를 적용해도 기금 소진 이후 필요 보험료율이 30%대예요. 미래세대의 부담이 크게 완화되지 않는 거죠.

물론 원리적으로 합계출산율 상승은 그 아이들이 자라서 보험료를 내는 시점에는 연금재정에 도움이 됩니다. 이민으로 인한 인구 유입은 효과가 더 빠를 테고요. 문제는, 그렇게 증가한 신규 가입자나 이민자 역시 길게는 30~40년 뒤에 연금 수급자로 전환된다는 거예요.

그건 당연한 일인데 왜 문제가 되죠?

연금에는 '전반전'과 '후반전'이 있어요. 젊을 때 일하면서 보험료를 내는 시기가 전반전, 은퇴하고 연금을 받으며 사는 시기가 후반전이에요. 반대로 연금 입장에선 전반전은 돈을 걷기만 하고, 후반전은 주기만 하죠. 양쪽을 같이 봐야 합니다. 우리가 30년 50년이 아니라 70년 뒤의 연금재정을 계산하는 이유는, 스무 살 가입자가 아흔까지 생존할 확률이 높기 때문이에요.

만약 한국의 국민연금이 전반전에 보험료 100을 내고 후반전에 연금 100을 돌려받는 제도라면 몇 명이 드나

들든 문제가 없어요. 그런데 현실은 100을 내고 200 이상을 받아가는 구조잖아요. 이걸 '수익비가 2 이상이다'라고 표현하는데요. 이 구조에서는 가입자가 불어나는 게 연금 재정에 단기적으로는 좋지만, 중장기적으로는 마이너스입니다. 그들이 은퇴하면 200을 돌려줘야 하니까요.

이렇듯 국민연금이 안고 있는 여러 문제들은 결국 '내는 몫과 받는 몫의 불균형'으로 수렴합니다. 합계출산율 상승이나 이민 정책으로 가입자 인구 구성이 개선되더라도 이를 바로잡는 덴 역부족이에요.

정년 연장의
딜레마

그렇다면 정년을 연장하면 어떨까요? 사람들이 더 오래 일하고 그만큼 더 보험료를 많이 내니까 연금재정에 보탬이 되지 않을까요?

그것도 착시예요. 합계출산율이나 이민 증가와 마찬가지죠. 예컨대 정년이 연장되어 현재 60세 미만인 국민연금 의무가입연령을 5년 더 늘린다고 해봅시다. 보험료를 그만큼 더 거둘 수 있지만, 그 사람들도 65세부터는 수급자로 바뀝니다. 더 걷은 만큼 더 많은 연금을 줘야 하죠. 따라서 현 수입-지출 구조에서는 국민연금 재정에 부정적인 선택이에요.

그럼에도 불구하고 저는 (법정정년 연장과는 별개로) 국민연금 의무가입연령을 장기적으로 65세 미만까지 높이는 데는 찬성해요. 왜냐하면 1998년에 국민연금법을 개정하면서 연금을 받기 시작하는 나이(수급개시연령)를 서서히 늦춰서 2033년부터 65세가 되도록 해놓았습니다. 이러면 다른 나라는 은퇴와 동시에 연금을 받는데, 우리는 5년의 격차가 생기는 거죠. 이건 문제입니다. 국민연금을 받기 전까지는 계속 일해서 보험료를 부을 수 있게 해야죠.

연금을 부을 수 있는 나이(60세)와 연금을 받기 시작하는 나이(65세) 사이 소득이 없는 구간을 이른바 '소득 크레바스(빙하가 갈라져서 생긴 좁고 깊은 틈)'라고 부르죠. 노동조합들도 소득 크레바스를 없애기 위해 '법정정년 60세'를 연장해서 '국민연금 수급개시연령 65세'와 일치시키자고 요구하는데요.

소득 크레바스는 없애야 해요. 그런데 법정정년 연장은 국민연금 의무가입연령을 높이는 것과는 별개입니다. 전자는 예컨대 한 회사에서 65세까지 더 일할 수 있게 한다는 건데, 이미 한국의 55~64세 연령층이 주된 일자리에서 퇴직하는 나이는 평균 49.3세에 불과해요. 이들이 가장 오래 일한 일자리에서 그만둔 이유를 보면 정년퇴직은

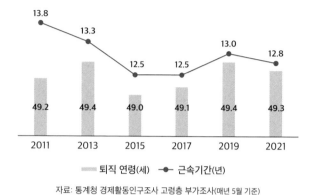

자료: 통계청 경제활동인구조사 고령층 부가조사(매년 5월 기준)

[그림2] 55-64세 연령층의 일자리 퇴직동향

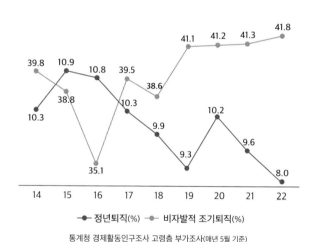

통계청 경제활동인구조사 고령층 부가조사(매년 5월 기준)

[그림3] 임금노동자의 주된 퇴직 사유

8%에 그치고, 사업부진·조업중단·휴폐업, 권고사직·명예퇴직·정리해고 등 비자발적 조기퇴직 비중이 41.8%를 차지해요.[*] 한 직장에서 60세까지 살아남는 사람이 극소수인 상황에서 법정정년 연장의 혜택은 대기업과 공공부문의 일부 정규직에게 몰릴 수밖에 없습니다.[**] 정년 연장이 청년 고용에 미칠 수 있는 악영향도 고려해야 하고요.[***]

[*] 2022년 5월 통계청 경제활동인구조사 고령층 부가조사.

[**] 베이비부머 중에서 정년 연장의 혜택을 받을 수 있는 비율을 11.4%로 추정한 연구도 있다(석재은·이기주, 〈베이비붐 세대와 정년 연장 혜택의 귀착〉, 2014). 이 연구에 따르면 고학력일수록, 남성일수록, 100인 이상 기업에서 일할수록, 공공부문에 종사할수록, 노동조합이 있는 곳에서 근무할수록 정규직으로 생존해 정년 연장 혜택을 받을 확률이 높았다.

[***] '고령층 고용이 늘면 청년층 고용이 줄어든다'는 '세대 간 고용대체 가설'은 아직 논쟁의 영역에 머물러 있다. 실증연구 결과도 팽팽하게 엇갈린다. 고령층과 청년층 간 직종 분업이 상당한 수준이어서(즉 고령층과 청년층이 서로 보완되는 다른 노동을 하기 때문에), 양측의 고용이 대체 관계보다는 보완 관계라는 연구도 다수 존재하기 때문이다. OECD도 2005년 '청년층과 고령층 간 고용대체론과 이에 따른 조기퇴직 권고'를 폐기했다. 그러나 정년 연장이 사실상 고용보호 수준이 높은 일부 사업장에만 적용되고, 이 사업장은 청년들이 선호하는 고임금 일자리일 가능성이 높은 만큼, 청년고용과 무관하다고 단정하긴 이르다. 한요셉 KDI 연구위원의 실증분석 결과, 민간 사업체에서

결과적으로 정년 연장이 연금 재정에 긍정적일 것이라는 기대는 사실과 다르단 말씀인가요?

정확히 말하면, 연금재정에 긍정적인 정년 연장 방안은 따로 있어요. 한국은 노동조합이 정년을 연장해달라고 요구하지만, 프랑스에서는 노동자들이 '정년 연장 반대 시위'에 나섭니다. 이 차이가 왜 발생하느냐면, 정년의 의미와 그에 따른 사회적 영향이 다르기 때문이에요. 한국(과 일본)에서 정년은 '고용계약을 강제로 종료시키는 나이'를 뜻해요.[*] 프랑스를 비롯한 주요 유럽 국가에서 정년은, 고용 여부와 관계없이 '연금을 받기 시작하는 나이'와 연동됩니

정년 연장의 수혜자가 1명 증가할 때 청년고용은 평균 0.2명가량 감소한 것으로 추정된다.(〈60세 정년 의무화의 영향:청년고용에 미치는 영향을 중심으로〉, 2019) 이 연구에 따르면 사업체 규모가 클수록 정년 연장이 청년고용을 줄이는 효과가 크게 나타났다.

[*] 이는 한국과 일본이 채택하고 있는 호봉제와 관련이 깊다. 직종과 개인 역량에 따라 차이는 있지만, 연구자들은 평균적으로 노동자의 생산성이 정점을 찍고 내려오는 시점을 45세 전후로 본다. 그런데 호봉제에서는 연차가 오를수록 임금도 올라간다. 젊어서는 생산성보다 못한 임금을 받고, 나이 들어서는 생산성을 웃도는 임금을 받는 구조다. 이런 구조에서는 어느 시점에서 강제로 고용계약을 종료시킬 필요성이 생긴다. 그것이 한국과 일본에서 통용되는 '정년'의 개념이다.

다. 노동자의 권리 개념이죠. 그래서 정부가 정년을 연장하면 연금 수령 시기도 함께 늦춰집니다. 즉 이들 나라에서 정년 연장은 '연금 받지 말고 더 일하라'는 뜻입니다. 연금 재정 안정화를 위한 정책이고, 프랑스 연금개혁이 강한 반대에 부딪힌 것도 이 때문이에요.

반면에 한국에서 정년은 60세인데, 이미 국민연금 수급개시연령은 1969년생부터 65세입니다. 정년을 연장해도 수급개시연령과는 아무런 관계가 없죠. 우리도 '노후의 재구성'이 필요해요. 노인의 경제활동 참가를 활성화해서 수급개시연령을 늦추면 미래세대 부담이 줄어듭니다. 이미 60~64세 고용률이 63.9%고(2023년), 한국인들이 노동시장에서 '실질적으로 은퇴하는 연령'은 72.3세로 OECD 회원국 중 1위예요(2018년).

노년에도 일을 해야만 먹고살 수 있는 사회는 비판적으로 봐야 하지 않을까요? 폐지 줍는 노인이나, 갑질에 시달리는 경비원들… 아무리 재정 안정이 절실하다지만 이런 일자리에서 일하는 이들이 늘어나는 게 바람직한 방향은 아니라고 봐요.

물론 몸이 아픈데도 비자발적으로 일하거나 착취당

하는 경우는 없어야 합니다. 하지만 과거의 노인과 오늘날의 노인은 건강의 수준이 달라요. 오히려 문제는 60대 이상을 위한 일자리가 불안정하고, 노동 가치도 지나치게 저평가되어 있다는 거예요. 노인의 노동권을 보장하고, 그들도 괜찮은 임금을 받도록 바꿔가야죠. 말하자면 새로운 사회계약이에요.

단 이 모든 것의 전제로, 현세대가 적어도 나중에 받을 만큼은 국민연금 보험료를 내야 합니다. 합계출산율을 높이든 이민을 받든 정년을 늘리든, 현행 제도의 담보 상태, 즉 수익비가 2를 넘는 구조에서의 가입자 증가는 기금 소진을 몇 년 미루는 효과를 낼 뿐입니다. 그 뒤에 미래세대가 짊어질 부담을 근본적으로 해결하지 못해요.

현세대가 지금부터 수입-지출의 균형을 맞춰서 수익비를 1로 만들어가야 합니다. 수익비 1에 근접한 나라는 많아요. 스웨덴, 노르웨이, 이탈리아 등은 아예 보험료 수준에 연금 수준을 맞추는 '확정기여형DC, Defined Contribution'으로 운영하고 있어요. 그렇게 하더라도 사적연금보다는 가입자에게 훨씬 유리한 제도입니다. 사용자가 보험료의 절반을 부담하고, 저소득층은 국가가 보험료를 지원해주고, 군복무·출산·실업 등의 시기를 가입기간으로 인정해주는 크레딧 제도도 존재하니까요. 물가에 연동한 금액을 평생 지급해주는 것도 공적연금의 강점이에요.

그런데 공적연금에서 '수익비'를 따지는 일 자체가 적절한지 의문입니다. 국민연금은 내가 저축한 돈에 이자를 붙여 찾아가는 '상품'과는 다르니까요. 어떻게 보면 젊은 세대가 노년에 이른 앞 세대를 부양하는 것이야말로 그 사회가 따뜻한 공동체임을 증명하는 아름다운 연대일 수도 있고요.

미래세대 부양 부담이 늘어나는 이유도 그래요. 인구구조가 급변한 탓이지, 현세대가 '파렴치하게도' 9%만 내고 40%나 받아가서라는 논리는 가혹한 것 같기도 해요. 저도 언론계 종사자이지만, 이런 관점에서 보면 '세대갈등'이란 것도 언론이 만든 프레임 아닐까요?

바로 그 인구구조 변화 때문에 수익비를 따질 수밖에 없어요. 앞서 언급했듯이, 인구가 쭉쭉 늘고 경제가 성장할 때는 후대로 갈수록 노년부양 능력이 커집니다. 그러면 앞 세대가 좀 후하게 받아도 괜찮아요. 그걸 세대 간 계약이나 연대라고 칭송해도 좋고요. 그런데 '인구 보너스'가 '인구

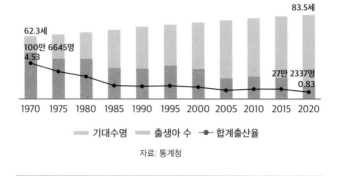

[그림4] 적게 태어나고 오래 사는 한국인

오너스(생산가능인구가 줄고 부양해야 할 노인인구는 늘어서 경제성장에 부담이 되는 현상)'로 바뀌는 저출생-고령화 시대에는 세대별로 내는 보험료와 받는 연금액의 규모 분석이 필수예요. 그에 따라 서구의 연금개혁에서 도입된 게 수입-지출의 균형 개념입니다. 세대 갈등의 객관적 위험이 존재함에도 그 모순을 이야기하지 않는 게, 오히려 지금의 세대 불평등에서 이득을 보는 '연금 기득권'의 논리 아닐까요?

그리고 서구와 달리 국민연금의 재정 위기는 인구 요인과 제도 요인이 겹쳐 있습니다. 둘 다 봐야 해요. 앞에서 스무 살 새내기 가입자가 아흔까지 약속된 수준의 연금을 받게끔 기금을 유지하려면, 월소득의 9%가 아니라 20%

를 보험료로 내야 한다고 했습니다. 2055년 기금 소진 뒤에는 그 수치가 30% 이상으로 치솟고요. 그중에서 대략 20%p까지는 미래세대가 나중에 돌려받을 연금이니까 설득이 가능해요. 하지만 그 이상은 납득하기 어려울 겁니다. 10%p를 넘는 나머지 인상분은 지금 세대가 덜 내고 있는 보험료와 인구 고령화로 생긴 결과니까요.

미래세대에겐 그들의 몫 이상의 책임이 예정되어 있습니다. 그러니 현세대도 최소한의 재정적 책임을 져야 마땅해요. 보험료율뿐만 아닙니다. 수급개시연령을 올리고 기금운용수익을 키워야 합니다. 합계출산율을 높이기 위한 사회적 여건도 만들어야죠. 만약 이런 조력이 충분히 뒷받침된다면 설령 보험료율이 20%에 좀 못 미쳐도 연금재정 균형이 가능합니다. 물론 하나같이 쉽지 않은 과제조. 이 주제들은 한국사회 전반의 변화를 다룬 이야기이니, 대담 마지막에서 다시 다루도록 해요.

'더 내고 더 받자'는 주장이 감춘 것들

03

6만3000원

최저임금 소득자
월 200만 원

22만
5000원

평균소득자
월 300만 원

45만 원

고소득자
월 600만 원

소득대체율 인상이 혜택은 누구에게?

소득대체율 10% 인상시 소득 및 가입기간에 따른 계층별 연금 증가액 (108쪽 [표2] 참조)

가난한 노인을
위한다는 착각,
혹은 기만

보험료율 올려야 한다는 얘기만 들으니 점점 가라앉는 기분인데요.(웃음) 물론 어느 정도 더 내야 한다는 현실을 부정하는 사람은 많지 않습니다. '올리긴 해야 하는데 그게 되겠어?'라는 정도죠. 그런데 노동조합이나 시민단체에서는 연금을 더 받는다는 전제에서만 보험료율을 올릴 수 있다는 입장이에요. 은퇴 뒤 받는 연금액이 젊어서 벌던 소득의 몇 퍼센트를 대체하는지를 나타내는 소득대체율이 2024년 기준 42%이고, 2028년부터는 40%가 되는데요. 결국 이걸 45~50%로 올리자는 주장이죠. 이른바 '더 내고 더 받자'는 논리인데요. 꽤 설득력 있는 절충안 아닌가요?

소득대체율 인상 자체가 나쁘다고 생각하지 않습니다. 논의할 수 있는 문제예요. 다만 그 재원 방안을 함께 이야기해야죠. 그리고 소득대체율을 올리면 애써 보험료율을 인상해도 재정안정 효과가 떨어진다는 걸 염두에 둬야 합니다. 올린 보험료의 상당 부분이 함께 인상된 소득대체율 보전에 쓰일 테니까요.

민주노총·한국노총·참여연대 등이 주도하는 공적연금강화국민행동에서는 국민연금 소득대체율을 2025년에 50%로 인상하고, 보험료율은 13%를 목표로 2033년까지 단계적으로 올리자는 입장입니다. 이와 비슷하게 문재인 정부에서 사회수석을 역임한 김연명 중앙대 교수(사회복지학)는 소득대체율 50%에 필요한 보험료율을 '12%+α'로 제시합니다. 그런데 소득대체율 50%에 부합하는 보험료율은 25% 수준이에요. 연금수리적으로 황당한 주장이죠.

2023년 말에 국회 연금특위 산하 민간자문위원회의 두 공동운영위원장이 보험료율 15%-소득대체율 40% 방안과, 보험료율 13%-소득대체율 50% 방안을 모두 제시했어요. 현재 전문가 집단에서 첨예하게 부딪히는 양대 개혁안을 복수로 국회에 보고한 거죠.

[표1] 국회 연금특위 민간자문위원회 개혁안

	보험료율	소득대체율	기금소진 연도	최대 보험료율 (부과식)	최대 연금지출액 (GDP 대비)
현행	9%	40%	2055	35%	9.5%
더 내고 더 받기	13%	50%	2062	43%	11.8%
더 내고 그대로 받기	15%	40%	2071	35%	9.5%

자료: 제5차 국민연금 재정계산위원회

두 방안은 국민연금 재정에 어떤 영향을 미칠까요? 우선 기금 소진연도를 보면 전자는 16년, 후자는 7년을 벌어줍니다. 전자는 보험료 수입만 증가하니 당연히 효과가 큽니다. 후자는 어떨까요? 길진 않더라도 기금 소진을 늦췄으니 효과가 있다고 봐야 할까요? 그래요. 어찌 됐든 두 방안 모두 기금 소진연도를 연장한다면 이왕이면 '더 내고 그대로 받는' 것보다는 '더 내고 더 받는' 편에 더 끌릴 수 있습니다.

그런데 재정평가에서 기금 소진연도에만 주목하면 중대한 착시에 빠집니다. 보험료율·소득대체율의 변화가 각각 연금재정에 영향을 미치는 데는 상당한 시차가 있기 때문이에요. 보험료율 인상은 효과가 바로 나옵니다. 현행 보험료율 9%를 13%로 올리면 그 4%p만큼 재정 수입이 늘어나죠. 반면 소득대체율 인상의 영향은 한참 뒤에 체감하게 돼요. 인상된 연금액은 가입자의 계좌에 표시될 뿐이고, 실제 지출은 가입자의 은퇴 이후에나 이루어지니까요.

'더 내고 더 받는' 방안을 적용받는 스무 살 신규 가입자가 아흔까지 사는 경우를 대입해볼게요. 이 가입자는 45년간 보험료를 내며 국민연금 재정에 기여하고(전반전), 65세 이후 25년간은 연금을 받으면서 지출만 늘립니다(후반전). 수입과 지출의 시차가 45년이에요. 반세기에 육박하죠.

무엇보다 국민연금 재정계산위원회가 전망한 2055년이든, 그보다 몇 년 뒤든 기금 소진 이후부터 소득대체율 인상의 후폭풍이 본격화합니다. 현행 제도에서 연금 지출을 보험료만으로 충당할 때(부과식) 필요 보험료율은 최대 35%이고, 연금 지출 규모는 GDP 대비 최대 9.5%인데요. 소득대체율 50% 체제에서는 각각 43%, 11.8%까지 올라갑니다. 기금 소진을 몇 해 연장하는 대가라기엔 후폭풍이 너무 커지죠. 이처럼 국민연금의 전반전, 그리고 기금 소진 연도만 봐서는 제대로 된 재정평가를 할 수 없습니다. 연금

문제는 쉽지 않아요. 긴 실타래와 같죠. 대중은 착각할 수 있습니다. 문제는 뻔히 알면서도 소득대체율을 올려도 재정에 문제가 없을 것처럼 눈속임하는 일부 전문가들이죠. 너무 무책임합니다.

그분들은 이렇게 반박해요. 기업에게 세금을 거두자거나 국가재정을 투입하면 된다고요. 다시 강조하지만 이 역시 미래세대의 부담입니다. 소득대체율을 올리자고 주장하고 싶다면 적어도 우리 세대가 받을 액수에 부합하는 보험료를 내고서 말을 꺼내야 합니다. 그게 없는 소득대체율 인상론은 현세대의 몰염치이고 이기주의예요. 나만, 우리 세대만 잘 먹고 잘 살면 그만이라는 거죠.

그럼에도 불구하고 소득대체율 인상을 주장하는 쪽에서는 '제도의 신뢰를 회복하기 위해서'라는 명분을 이야기합니다. 국민연금이 존재하는 이유는 기금을 쌓아두기 위해서가 아니라 시민들의 노후보장이잖아요. 한국의 노인빈곤율은 2020년 38.9%로 OECD 1위고, 국민연금은 출범 이후 줄곧 소득대체율을 줄여왔습니다. 그런 사실에 비추면 소득대체율 인상이 노인의 삶을 개선하고 공적연금의 신뢰 회복에 기여

하리라는 주장엔 설득력이 있지 않나요?

되묻고 싶어요. 국민연금의 신뢰란 게 소득대체율을 올려서 회복되는 걸까요? 나중에 연금은커녕 내가 낸 본전도 못 찾을까 진지하게 불안해하는 이들이 적지 않아요. 이렇게 '특정 세대가 독박을 쓴다'는 우려야말로 국민연금의 신뢰를 흔드는 주범 아닐까요?

노인빈곤율이란 65세 이상 노인 중 벌이가 기준 중위소득*의 50%에 못 미치는 사람이 얼마나 되는지 보여주는 상대적 빈곤 지표입니다. 한국에선 2024년 기준으로 월소득 111만 5000원이 안 되는 노인의 비중이죠. 저도 이분들의 삶이 개선되길 바랍니다. 그런 마음으로 복지국가를 연구해왔고요.

그렇지만 국민연금 소득대체율 인상과 65세 이상 한국 노인의 삶은 무관합니다. 왜 그럴까요? 일단 노인 두 사람 중 하나는 국민연금을 받지 못해요. 제도의 역사가 길지 않기 때문이죠. 이들에게 소득대체율 인상은 다른 나라 이

---

*   정부가 매년 소득보장 정책의 기준으로 삼는 소득. 전 국민을 소득순으로 줄 세운다고 가정할 때 가운데 위치하는 사람의 소득을 뜻하며, 이를 '기준 중위소득 100%'라고 표현한다. 1인 가구 기준으로 2024년 기준 중위소득 100%는 약 223만 원이다.

야기예요.

국민연금을 받고 있는 65세 이상 노인도 마찬가집니다. 제도가 바뀌어도 이미 은퇴한 국민연금 가입자에겐 소급되지 않거든요. 정해진 금액을 물가에 연동해서 줄 뿐이죠. 결국 소득대체율 인상은 현재 보험료를 내고 있는 60세 미만의 가입자들이 미래에 받을 연금액을 올리자는 얘기예요.

그래도 은퇴가 몇 년 남지 않은 이들을 포함한 국민연금 가입자들의 '잠재적 빈곤 방지책'으로서는 의미가 있지 않을까요?

안타깝지만 미래의 노인빈곤 개선에도 별 도움이 되지 못할 겁니다. 기준 중위소득의 50%, 즉 상대적 빈곤선 아래의 노인들은 애초에 최소 가입기간을 채우지 못해 국민연금 제도 바깥에 남거나, 수급권이 있더라도 소득이 적고 가입기간이 짧을 가능성이 높아요. 이게 왜 문제냐면, 소득과 가입기간이 연금액을 결정짓는 핵심 변수이기 때문입니다.

지금까지 이야기한 '국민연금 소득대체율 40%'는 월 300만 원 소득자가 40년 동안 연금보험료를 내면, (물가 변

[표2] 소득대체율 인상시 소득 및 가입기간별 연금 증가액

가입기간		지역최빈 (100만 원)	최저임금 (200만 원)	평균소득 (300만 원)	1.5배 (450만 원)	2배 (600만 원)
10년	50%	25.0	31.3	37.5	46.9	56.3
	40%	20.0	25.0	30.0	37.5	45.0
	인상액	**5.0**	**6.3**	7.5	9.4	11.3
20년	50%	50.0	62.5	75.0	93.8	112.5
	40%	40.0	50.0	60.0	75.0	90.0
	인상액	**10.0**	**12.5**	15.0	18.8	22.5
30년	50%	75.0	93.8	112.5	140.6	168.8
	40%	60.0	75.0	90.0	112.5	135.0
	인상액	15.0	18.8	**22.5**	**28.1**	**33.8**
40년	50%	100.0	125.0	150.0	187.5	225.0
	40%	80.0	100.0	120.0	150.0	180.0
	인상액	20.0	25.0	**30.0**	**37.5**	**45.0**

참고: 2024년 국민연금의 A값 299만 원, 최저임금 206만 원, 지역가입자 평균소득 103만 원
(2024년 기준액, 2028년 신규 가입자 대상)

동이 없다고 가정할 때) 은퇴 뒤 일할 때 벌던 소득의 40%인 120만 원을 연금급여로 받는다는 의미예요. 40년 가입이 기준이죠. 하지만 이는 법으로 정한 '명목 소득대체율'에 불과합니다. 꼬박꼬박 보험료를 못 내는 경우가 많기 때문입니다. 예를 들어 2020년부터 연금을 받기 시작한 신규 수급자의 평균 가입기간은 18.6년에 불과해요. 그래서 한

국의 가입자들이 실제로 받는 평균 연금액은 은퇴 전 소득의 20%대 초반에 그칩니다. 이를 '실질 소득대체율'이라고 해요.

그럼 이런 상황에서 명목 소득대체율을 올리면, 그 혜택이 누구에게 갈까요? [표2]를 참조해서 2024년 기준으로 소득대체율이 50%로 상향된다고 가정해볼게요. 최소 가입기간 10년을 채우고 월평균 100만 원을 벌던 사람이라면, 월 20만 원이던 연금이 25만 원으로 오릅니다. 한 달에 5만 원 더 받는 거죠.

그보다 형편이 나은 사람이 월 200만 원 벌면서 20년간 보험료를 냈다면, 연금액은 월 50만 원에서 62만5000원으로, 12만5000원 늘어요. 한 달에 600만 원을 벌던 사람이 40년을 꽉 채운다면? 연금액은 월 180만 원에서 225만 원으로 뜁니다. 45만 원이 오르죠. 이처럼 현 제도에서 소득대체율 인상의 혜택은 고소득-장기 가입자로 갈수록 커지게 됩니다.

소득대체율 인상에 따른 혜택이 중상위계층에게 더 크게 돌아간다는, 즉 역진적이란 말씀이시군요. 그런데 그만큼 보험료를 많이, 오래 납부했다면 은퇴 뒤에

연금을 많이 받는 게 당연하지 않나요? 게다가 국민연금에는 재분배 기능이 있습니다. 연금액의 절반은 자신의 생애소득에 비례해서 결정되지만, 나머지 절반은 국민연금 전체 가입자의 평균소득과 연동돼요. 이때 가입자 평균소득을 'A값'이라고 부르는데, 이 A값을 기준으로 상대적으로 소득이 높은 사람에게는 더 낮은 소득대체율을 적용하고, 소득이 낮은 사람에게는 더 높은 소득대체율을 적용하죠. 이를 통해 소득이 낮은 사람은 연금의 절대액이 적다곤 하지만 자신이 낸 보험료에 비해서는 많이 받게 됩니다. 그렇다면 결과적으로 국민연금은 재분배 효과를 지니는 것 아닌가요?

물론 국민연금은 재분배 기능을 하도록 설계되어 있어요. 설명해주신 대로 연금액을 정할 때 절반은 가입자 소득에 비례해서 결정되지만, 절반은 전체 가입자 평균소득(A값)에 연동해서 주니까요.

그런데 보통 국민연금에 '재분배' 기능이 있다고 설명할 때는 '받는 돈'만 고려하는 경향이 있어요. 개개인이 매달 받는 연금만 보면 하위계층일수록 소득대체율이 높습니다. 누진적이죠. 그런데 더 중요한 것은 최종 결과, 즉 평생 낸 보험료에 비해 누가 더 많은 연금을 받느냐 하는 겁니다. 이걸 계산한 지표가 '순혜택'인데요. 은퇴 이후 받을 연금 총액(현재가치)에서 젊어서 낸 보험료 총액(현재가치)을 뺀 값입니다.

소득이 많고 오래 가입한 사람일수록 순혜택이 커요. 낸 돈에 비해서 더 많이 가져간다는 뜻입니다. 왜 그럴까요. 받는 돈뿐만 아니라 '내는 돈'을 함께 보기 때문이에요. 국민연금은 재분배 구조(고소득자에게 상대적으로 낮은 소득대체율을 적용)로 설계되었지만, 내는 돈(보험료+가입기간)을 감안하면 노동시장 중심부 가입자에게 더 큰 혜택이 돌아가는 역진성이 나타납니다.

왜 그럴까요? 국민연금은 은퇴 후 받을 연금액을 보험료율과 무관하게 정합니다(확정급여). 따라서 보험료율 수준이 낮으면 노동시장 중심부에 자리한 장기 가입자일수록 납부하는 절대 액수에서 부담이 줄고, 그만큼 더 큰 순혜택을 가져가는겁니다. 결국 이런 역진성은 낮은 보험료율과 가입기간 차이가 만든 '국민연금의 역설'이에요.

소득대체율의 함정
: 악마는 디테일에
숨어 있다

대기업일수록 소득이 높고 근속기간도 길죠. 노동시장 중심부와 주변부의 격차 때문인데, 이 격차를 국민연금이 다 줄여줄 거라 기대할 수는 없잖아요. 중상위 계층이라고 해도 노후 빈곤에 빠지지 않아야 마땅하고요.

맞아요. 그런데 어떤 정책을 선택할 때는 목표와 효과를 둘 다 고려해야 합니다. 연금개혁에서 포기할 수 없는 두 가지 목표는 노후소득 보장과 지속가능한 재정이죠. 그런데 노후소득 보장이란 목표를 위해 국민연금 소득대체율을 올린다지만, 정작 미래에 빈곤할 가능성이 높은 노인들의 소득을 올리는 데는 (절대 액수에서) 효과가 미미해요.

현재 빈곤한 노인들에겐 무용지물이고, 가입기간 10년을 못 채운 국민연금 제도 바깥의 노인들에게도 가닿지 못합니다. 그러면서 연금 재정의 지속가능성에는 100% 부정적이에요.

재정 불안을 감수하고서라도 소득대체율을 올려야 하고, 그 불안은 국고를 투입하면 그만이라는 주장도 있습니다. 그렇다면 더더욱, 어떤 계층에 그 혜택이 돌아갈지 따져봐야 합니다. 우리 모두가 낸 세금을 쓰는 일이잖아요. 국민연금이 역진성을 보이는 상황에서 보험료 부족분을 국고로 충당하는 건, 결국 세금이 더 여유 있는 집단을 위해 쓰이는 결과밖에 안 됩니다.

그렇지만 국민연금이 노후 안전망이라기엔 부족한 게 사실이에요. 2022년 12월 기준 1인당 평균 수령액이 월 58만6000원에 불과합니다. 많게는 한 달에 249만 원씩 받는 경우도 있지만, 평균으로 보면 여전히 '용돈 연금'이라는 비난이 비난으로 들리지 않는 금액이에요. 든든하지 못하다는 거죠.

앞서도 밝혔지만, 한국 노인들이 적은 액수의 연금을 받는 건 명목 소득대체율(40%)이 낮아서라기보다는 가입기간이 짧아서 실질 소득대체율(20%대)이 낮기 때문이에요. 따라서 현 상황에서 연금액을 늘리는 가장 확실한 방법이 가입자 개개인의 가입기간을 늘리는 거예요. 다시 말해 국민연금의 노후보장성 강화는 재정 부담을 키우는 명목 소득대체율 인상이 아니라 실질 소득대체율을 올리는 쪽으로 풀어야 해요.

가입기간을 어떻게 늘리나요? 민간 기업에 고용 안정을 강제할 수도 없는 노릇인데요.

다른 나라는 평균 66세까지 보험료를 내는데, 우리는 60세까지만 냅니다. 우선 이걸 65세로 올려야죠. 60대 전반기의 고용률이 60%대예요. 대부분 일하고 있다면 국민연금에 가입하도록 해야 합니다. 그러면 명목 소득대체율을 5%p 올리는 효과를 볼 수 있어요.

또 살다 보면 어쩔 수 없이 보험료를 내기 힘든 생애주기가 찾아옵니다. 그때마다 국가가 지원해주는 제도가 있어요. 출산·군복무·실업 크레딧입니다. 2008년 이후 둘째부터는 자녀 수에 따라 국민연금 가입기간을 추가로 인정해줘요(출산 크레딧). 2008년 이후 입대해서 6개월 이상 병역을 이행한 사람 역시 6개월을 추가로 인정해주고요(군복무 크레딧). 실업급여를 받고 있는 저소득층이 국민연금 보험료를 내겠다면 납부액의 75%를 국가가 지원해줍니다 (실업 크레딧). 이런 정책의 울타리를 더욱 넓혀가야겠죠.

저소득 노동자의 보험료를 지원하는 '두루누리 보험료 지원'도 있습니다. 2024년 기준 270만 원 미만인 신규 가입자의 보험료 80%를 최대 3년간 정부가 지원해요. 국민연금 신규 가입을 장려하는 취지죠. 현재는 10인 미만 사업장으로 한정돼 있는데, 모든 사업장에 확대 적용해야겠죠. 이 밖에 학생이나 주부처럼 소득이 없는 사람도 '임의가입' 형식으로 보험료를 납부할 수 있는데요. 마찬가지로 더 활성화해야 합니다.

그렇게 해도 여전히 넓디넓은 사각지대가 존재합니다. 국민연금공단에 따르면 가입자 가운데 사업 중단이나 실직 등의 사유로 보험료를 내지 않는 '납부예외자'가 306만 명(13.9%), 보험료를 13개월 이상 장기 체납한 사람이 88만 명(4.5%)에 달해요(2022년 12월 기준).

이 사각지대의 핵심은 '지역가입자'입니다. 1장에서 설명했듯 사업장가입자인 노동자는 보험료 절반을 사업주가 내줘요. 같은 지역가입자라도 농어민은 국가가 보험료를 50%까지 지원해주고요. 그러나 도시 지역가입자에 해당하는 영세 자영업자, 프리랜서, 특수고용 노동자는 소득의 9%를 고스란히 보험료로 내야 해요. 이들로선 당장의 보험료도 못 내고 있는 판에, 앞으로의 보험료 인상은 더 감당하기 어렵겠죠.

따라서 국민연금에 국가재정을 투입한다면, 모자라는 보험료를 메꿔 중상위계층의 연금액을 높이기보다, 곳곳에 산재한 이런 연금 취약계층을 위해 써야 합니다. 국민연금 바깥으로 튕겨나가 있는 사람들, 최소 가입기간 10년을 채우지 못하거나 간신히 채우는 사람들을 위해 사용하는 게 더 효율적이고, 동시에 정의롭다고 생각해요. 예컨대 보험료를 9%에서 15%로 올리되 도시 지역가입자 인상분의 절반(3%)을 국가가 지원하는 거예요. 그런 식으로 현행 국민연금이 지닌 역진성을 해소하면서도, 제도의 그물망을 넓고 촘촘하게 만들어 사각지대를 해소할 수 있습니다.

재원을 감당할 수 있을까요?

국가가 책임져야 하는 몫이고, 감당할 수 있다고 생각해요. 현재 농어민과 비슷한 수준으로 도시 지역가입자의 보험료를 국가가 지원하는 데 연간 2조 원을 넘지 않아요. 우선 보험료 인상분부터 지원한다면 액수는 더 적어질 테고요.

나아가 현재 도시 지역가입자로 분류된 배달 라이더, 학습지 교사 등 특수고용 노동자들을 사업장가입자로 전환해 사측과 보험료를 나누어 부담하도록 해야 해요. 이들은 '노무를 제공하기에 계약의 형식과 상관없이 노동자와 유사하게 보호해야 할 사람들'로 국가가 따로 정한 사람들이니까요. 현재 산재보험·고용보험에서는 특례 형식으로 특수고용 노동자를 포괄하고 있는 단계인데요. 국민연금도 이들을 사업장가입자로 전환해가야 합니다.

2023년 OECD 연금 보고서를 보면, 한국은 의무적으로 가입하는 공적연금의 소득대체율gross pension replacement rates from mandatory public pension이 31.2%로 나와요. OECD 평균 42.3%에 견줘 크게 떨어집니다. 조금 전 명목 소득대체율 인상의 효과를 부정적으로 진단하셨는데요. 그렇더라도 이 정도의 격차라면, 다른 조치를 취하는 것과 별개로 명목 소득대체율도 함께 올려가야 하지 않을까요?

통계의 함정이 있어요. 총 세 가진데요. 첫째는 가입 기간이에요. OECD는 '22세부터 그 나라가 정한 의무가입연령까지'를 가입기간으로 봅니다. OECD 국가들은 평균 66.3세까지 보험료를 부을 수 있으니까, 가입기간이 44.3년이죠. 그런데 한국은 60세까지만 부을 수 있잖아요. 60에서 22를 뺀 38년이 가입기간입니다. 6년가량 짧은 만큼 소득대체율도 떨어지는 거고요.

가입기간의 격차가 불러온 현상이란 말씀이군요. 그런데도 의아한 대목이 있어요. 40년 가입 기준 소득대체율이 40%라면, 38년 가입 기준에서도 38%여야 하지 않나요? 왜 OECD 통계에서는 국민연금 소득대체율이 31.2%로, 그보다 더 낮게 나오는 건가요?

여기서 통계의 두 번째 함정이 나옵니다. 바로 소득의 기준이에요. 소득대체율은 은퇴 뒤 받는 연금액이 일할 때 벌던 소득의 몇 퍼센트를 대체하는지 보여주는 지표죠. 그렇다면 소득 기준을 얼마로 잡느냐가 중요하겠죠. OECD가 채택한 기준은 그 나라의 '노동시장 상시고용자 평균소득'입니다. 한국은 월 402만 원(2022년)이에요. 그에 따라 31.2%라는 소득대체율이 나온 거고요. 그런데 국민연금엔 상시고용자만 가입해 있는 게 아니죠. 영세 자영업자 등을 모두 포함해서 계산한 평균소득은 월 244만 원입니다.

　게다가 국민연금엔 부족한 대로 '재분배 기능'이 있음을 감안해야 해요. 상대적으로 소득이 높은 사람(예컨대 월 402만 원을 버는 상시고용 평균소득자)에게 더 낮은 소득대체율을, 소득이 낮은 사람에게는 더 높은 소득대체율을 적용합니다. 그래서 평균을 내면 38년 기준 38%가 나오는 거죠. 여기에 의무가입연령을 OECD 평균인 66.3세에 맞추면 소득대체율은 44.3%로 올라가고요.

　OECD 통계(31.2%)와의 괴리는 이런 하후상박下厚上薄 구조를 셈법에 반영하지 않아서예요. 재분배 기능이 없는 다른 나라의 연금은 상시고용자의 평균 소득대체율과 연금에 가입자의 평균 소득대체율이 다르지 않습니다. 따라서 우리 국민연금 가입자의 평균 소득대체율은 OECD 통계보다는 높은 게 맞습니다. 그리고 여기에 마지막 함정이 숨어 있어요.

통계 하나에 함정이 너무 많은 것 아닌가요?(웃음) 그러고 보니 OECD는 '의무적으로 가입하는 공적연금'의 소득대체율을 비교하고 있는데, 이 말도 어려워요. 국민연금은 뭐고 공적연금은 또 뭔가요?

바로 그 용어에 마지막 함정이 도사리고 있습니다. 거론하신 OECD 통계에서 '공적인 연금'이라고 함은, 국민연금처럼 개인이 보험료를 부어야 받을 수 있는 연금보험만 가리키는 게 아니에요. 보험료를 내지 않아도 세금으로 노후소득을 보장하는 '기초연금' 제도를 포함합니다. 이 기초연금 지급 방식이 나라마다 달라요. 노인 모두에게 주는 데도 있고, 일부에게만 주는 나라도 있어요. 한국은 하위 70% 노인에게 기초연금을 지급합니다. 그런데 현재 OECD가 산정한 한국의 공적연금 통계에는 기초연금 지급분이 '사실상' 빠져 있어요.

2022년 한국의 기초연금은 월 30만7500원이에요. 국민연금 가입자 평균소득 268만 원의 11.5%죠. 이에 해당하는 가입자가 은퇴 후 기초연금을 받는다고 가정해보면, 40년 가입 기준으로 국민연금 40%, 기초연금 11.5%를 합쳐 총 소득대체율이 51.5%가 되겠지요. 그런데 앞에서 봤듯, OECD 연금 통계에서 평균소득 기준은 국민연금 가입자가 아니라 노동시장의 상시고용 노동자예요. 즉 월소득 402만 원이 기준이니 하위 70%에만 지급되는 기초연금을 적용하지 않았고, 따라서 OECD 통계에서 한국의 공적연금 소득대체율은 31.2%에 그대로 머무르는 거죠.

그럼에도 외국은 연금이 훨씬 후하다는 인상을 지우기 어렵습니다. 사실 OECD 통계라는 것도 어디까지나 가입기간을 꽉 채워 보험료를 최대한 납부할 때를 전제한 '명목 소득대체율'일 뿐이잖아요. 한국 국민연금의 '실질 소득대체율'이 다른 나라보다 낮은 것은 사실 아닌가요? 이번 제5차 국민연금재정계산위원회에서도 미래 실질 소득대체율 전망치를 발표했는데요. 2050년 24.3%, 2093년도 28.8%입니다. 지금 막 태어난 아이들이 은퇴할 무렵에도 30%가 채 안 되는 거죠.

맞습니다. 높여 가야죠. 우리 국민연금의 실질 소득대체율이 낮은 건, 근본적으로는 노동시장의 구조적 불안에서 기인해요. 그러다보니 다른 나라 은퇴자의 연금 가입기간이 30년을 훌쩍 넘는 데 비해 한국은 미래에도 20년 중반대에 머무른다고 예상되는 거죠. 이론상의 최대치 말고 실제로 보험료를 내는 기간이요. 이걸, 부족하겠지만, 최선의 연금정책을 통해 교정할 수는 있습니다. 의무가입연령 상향과 연금 약자를 위한 각종 크레딧, 보험료 지원 등의 사회정책 같은 것들이죠. 미래의 실질 소득대체율 20%대는 '지금의 여러 조건이 그대로'인 것을 가정한 수치잖

아요. 가만있지 말고 무엇이든 해야죠. 그 전망치를 높이는
게 우리 세대의 과제예요.

두 개의 대안
: 기초연금과
퇴직연금

가입기간이나 소득대체율이 연금 제도를 넘어선 노동시장의 구조적 문제라니, 숨이 턱 막히는데요. 저 역시도 중소기업에 다니는 입장에서, 노인이 된 내가 폐지를 줍지 않을 거라는 자신이 없고요. 이렇게 불안한 우리의 노후를 위한 대안은 없는 건가요?

무엇보다 연금개혁의 시야를 넓혀야 합니다. 지금까지 국민연금이라는 틀 안에서만 이야기했는데요. 국민연금이 한국인의 노후를 지탱해줄 유일한 지팡이는 아닙니다. 하나씩 소개하면, 우선 노동자에게는 '퇴직연금'이 있어요. 근로기준법에 따라 사업주는 1년 이상 고용한 노동자 월소득의 8.33%를 퇴직금으로 적립해야 합니다. 퇴직연금은, 이렇게 모인 퇴직금을 일시에 지급하지 않고 국민연금처럼 은퇴한 뒤에 다달이 지급함으로써 노후소득을 보완하는 제도예요.

음… 글쎄요. 보험료를 올리는 것보다 더 어려울지도 모르겠다는 생각이 드는데요.(웃음) 대기업마저도 고용이 불안정하고, 구조적으로 노동시장에 좋은 일자리가 말라붙은 한국에서, 퇴직금을 한 번에 안 받고 연금으로 쌓아두는 걸 선호하는 사람은 많지 않습니다. 당장 저만 해도 회사가 망하면 퇴직금부터 찾을 것 같은데요.(웃음) 먼 훗날 받을 수 있을지 장담도 못하는 노후연금보다는 지금 당장의 삶이 중요하지 않을까요? 오늘 살아 있어야, 내일도 있으니까요.

퇴직연금이 도입된 게 2005년인데, 말씀하신 이유로 활성화되지 못하고 있죠. 55세 이상 명의자에게 지급을 시작한 퇴직연금 계좌 가운데 연금으로 나가는 비율은 7.1%에 불과해요(2022년 말 기준). 2020년 3.3%, 2021년 4.3%에 비해서는 늘고 있지만 여전히 일시 수령이 대세죠. 이직할 때 정산해버리는 경우가 대부분이고, 그러다 보니 연금으로서 유의미한 금액이 쌓이지 않죠. 이는 다시 정산의 원인이 되고요.

그렇지만 '계속 이렇게 갈 것인가?'는 다른 문제라고 봐요. 과거에 퇴직금을 일시금으로 받은 건 퇴직 이후의 생계가 막막했기 때문이죠. 지금은 새 직장을 구할 때까지 생활비 용도로 실업급여를 받을 수 있어요. 물론 자발적 이직의 경우엔 지급받지 못하는 등 사각지대는 존재합니다. 줄여가야죠.

이렇게 실업급여가 있는데도 퇴직금을 일시 수령하는 이유는 크게 두 가지예요. 결혼하는 자녀의 집 마련, 그리고 자신의 창업이죠. 전자는 부의 대물림으로 문제 삼을 수도 있겠지만 어떻든 개개인의 선택이죠. 반면에 후자는 구조적 문제입니다. 주된 일자리에서 조기 퇴직해 자영업에 뛰어들게 만드는 악순환의 고리예요. 한국의 전체 취업자 중 자영업자 비율이 23.9%에 달해요. 미국 6.6%, 독일 8.8%, 일본 9.8%에 비해 현격히 높죠(OECD, 2021년 기준). 이런 사회 구조를 계속 가져갈지 고민해봐야 해요.

향후 10~20년을 내다보고 퇴직연금이 노후대비 자산으로 자리매김하도록 정책을 펴나간다면, 국민연금 부족분을 메우는 하나의 버팀목이 될 수 있어요. 그러자면 납입금이 차곡차곡 쌓여야 합니다. 2022년에 퇴직연금을 연금으로 받은 사람들의 평균 적립금은 1억5500만 원이에요. 반면 일시금 수령의 경우엔 평균 2500만 원에 불과해요. 이 돈으로는 다달이 나눠 받기 어렵죠. 따라서 현재 퇴직연금 가입자의 중간 인출이나 정산을 엄격히 규제해야 해요. 긴급한 의료비 등 예외적 사유만 허용하는 방식으로요. 그리고 지금까지는 1년 이상 일한 상시 노동자에게만 퇴직금을 지급하는데요. 이런 조건 없이 노동자 모두에게 의무적으로 적용해야 합니다. 그들에게도 노후가 있으니까요. 그러면 직장생활을 길게 하지 못하더라도 퇴직연금을 쌓아나갈 수 있어요.

여전히 받아들이기 쉽지 않은 것 같아요. 근로기준법상 퇴직금은 나중에 지불하는 임금, 즉 후불임금의 성격을 갖습니다. 대법원 판례도 이를 뒷받침하고요. 노동자 입장에서는 '왜 내 월급으로 연금을 주려고 하느냐'는 반발심이 들 수밖에 없어요.

어쩌겠어요. 그것이 당신의 노후를 위해 더 좋다고 설득해야죠. 최근에는 퇴직연금 관련 세제혜택이 커져서 일시금보다 연금으로 운용하는 게 더 유리한 점도 많습니다. 실제로 다른 나라에선 대부분 연금 형태로 수령하기도 하고요.

지하철을 타면 퇴직연금 광고가 눈에 띕니다. 연금 운용을 자신들에게 맡겨달라는 내용인데요. 이런 걸 보면서 퇴직연금 활성화가 삼성생명 같은 민간 금융사만 노나는 정책 아닐까 하는 의구심이 듭니다. '연금 민영화'로 이어지리라는 우려도 많아요.

공공 영역을 민간으로 넘기는 '민영화'는 아니에요. 이미 민간 금융기관에서 퇴직연금을 관리하고 있으니까요. 그렇더라도 민간 금융기관의 역할이 지나치게 커지는 건 경계할 필요가 있겠죠. 이는 한국 퇴직연금의 독특한 성격 때문이기도 한데요. 서구에서 퇴직연금은 대부분 산업별 노동조합과 산업별 고용주 단체가 맺은 협약에 근거합니다. 법제화되어 있지 않아요.

반면 한국의 퇴직연금은 사용자에게 납부 의무를 부여하는 법정연금이에요. '준準 공적연금'이죠. 그렇다면 운용에서도 공적인 성격을 강화해야 합니다. 예를 들어 퇴직연금 운용을 국민연금공단에도 맡길 수 있도록 하면 어떨까요? 운용 수수료는 떨어뜨리고 수익률은 훨씬 개선될 거예요.* 물론 사금융권의 저항이 만만찮겠지만, 그 덕에 '퇴직연금이 어떻게 운용되어야 하는가'에 대한 사회적 논의가 일어날 수도 있겠죠.

넘어야 할 산이 한둘이 아닌데요.(웃음) 일하는 사람들에겐 퇴직연금이 있다고 치고, 지금 당장 빈곤한 노인들과 앞으로 빈곤층이 될 미래 노인들을 위해서는 무엇을 해야 하나요?

지금도 빈곤 노인들을 국가가 그냥 내버려두지는 않아요. 65세 이상 노인 중 소득 하위 70%에게 월 33만 원가량을 주고 있죠. 바로 기초연금입니다. 앞서 소개한 대로 보험료 없이 국고로 지원하는 연금입니다. 국민연금 울타리 바깥에 있거나, 국민연금만으로 살기 힘든 현재 빈곤 노인의 유일한 안전망이죠. 그런데도 노인빈곤율이 40%에 달하는 것을 보면 이 금액도 충분하지는 않아요. 기초연금을 더 강화해야 합니다.

언뜻 순환논법으로 들립니다. 미래세대의 부담 때문

---

* 　2021년 말 기준 10년간 퇴직연금 운용 수익률은 연 2.39%에 불과하다. 퇴직연금에 대한 인식이 낮다 보니 기금을 사실상 방치해온 현실과 관련이 있다.

에 국민연금을 개혁한다면서 그 결과로 기초연금이 강화된다는 게…. 국민연금이나 기초연금이나 부담은 마찬가지 아닌가요? 모두가 국고로 지원받는 기초연금보다는, 보험료를 내는 국민연금의 소득대체율을 높여 빈곤 노인을 줄이는 쪽이 오히려 미래세대의 부담을 더는 방안 아닐까요?**

국민연금과 기초연금을 말씀처럼 단순 비교하는 건 무리예요. 국민연금은 가입기간 10년이라는 '문턱'이 있고, 소득과 가입기간에 연금액이 연동되기 때문이에요. 소득대체율 인상의 효과가 빈곤층보다 중상위계층으로 향하는 구조죠. 2024년 기준으로 국민연금에 10년 가입한 월 200만 원 소득자는 소득대체율이 50%로 올라도 수령액이 31만3000원에 불과해요. 여기에 기초연금 33만5000원을 더해야 비로소 64만8000원이 되죠.[*] 노인빈곤을 해소하자면서 국민연금 소득대체율을 인상하자는 주장은 설득력이 약합니다. 이 문제는 기초연금 강화로 풀어야 해요.

재정 효과에서도 두 연금은 다릅니다. 현행 국민연금

---

[*] 기초생활보장제도 1인 가구가 받을 수 있는 생계급여는 최대 월 71만3000원, 1인 가구 기준 중위소득은 월 222만8400원이다. 모두 2024년 기준.

은 노동시장 중심부에 가까울수록 혜택이 크죠. 따라서 여기에 투입되는 국고는 재분배 효과를 기대하기 어렵습니다. 반면 하위 70%에게 집중되는 기초연금은 달라요. 국민연금연구원에 따르면 2021년 노인빈곤율은 37.7%인데요. 만약 기초연금이 없다고 가정하면 44.9%입니다. 기초연금의 노인빈곤율 개선 효과가 7.2%p라는 거죠. 기초연금액이 꾸준히 인상되면서 이 수치도 2012년엔 2%p, 2016·2019년엔 각각 4.3%p, 5.5%p로 증가해왔어요. 기초연금액 인상이 빈곤 노인의 생활 개선에 기여한다는 걸 뚜렷하게 드러내죠. 따라서 기초연금에 들어가는 재정은 우리 공동체가 감당할 가치가 있습니다.

그럼 이걸 어떤 방향으로 강화하느냐. 전문가들 대부분은 앞으로 기초연금을 노인빈곤 대응에 집중하는 방향으로 개편하자고 제안해요. 한국의 기초연금은 상시 고용자 평균소득의 7.4%에 불과해요. 비슷한 성격의 기초연금을 운영하는 OECD 34개국 평균이 18.1%이에요. 반면 지급 대상의 범위는 상당히 높습니다. 물론 캐나다·덴마크·일본처럼 모든 노인에게 지급하는 경우도 있지만, 다수는 저소득층에 선별 지급합니다. 스웨덴, 핀란드 등도 보편적 기초연금을 운영했지만 현재는 노인인구의 47%, 32%에게만 지급하고요.

우리도 지급 대상은 줄여가되, 빈곤할수록 더 큰 금액을 제공하는 개혁이 필요해요. 기초연금밖에 없는 노인들에게도 최소 생활은 보장해야 하니까요. 그래야 과중한 재정 부담을 피하면서도 노인빈곤에도 효율적으로 대응할 수 있어요.

기초연금 지급 대상을 하위 70%에서 줄여간다고요? 이미 주고 있는 걸 빼앗는 일이 가능할까요? 당장 받던 돈을 못 받게 될 사람들의 반발이 불 보듯 뻔한데요. 21대 국회(2021~2024년) 다수당인 더불어민주당은 기초연금을 모든 노인(100%)에게 주자고 합니다. 오히려 늘려야 한다는 거죠.

2022년 대선에서 윤석열·이재명·심상정 세 후보가 하나같이 공약한 게 있어요. 기초연금을 월 30만 원에서 40만 원으로 올리겠다는 건데요. 이후 윤석열 정부에서 연금액을 40만 원으로 하되, 지급대상을 이대로 유지할지 좁힐지 논의하고 있어요. 이 기초연금 개편안이 연금개혁의 또 다른 관건이 될 텐데요. 저는 기초연금을 모든 노인에게 주자는 주장에는 반대합니다.

왜 그렇죠?

무엇보다 재정 측면에서 너무 버거워요. 예컨대 지금처럼 노인 70%에게 지급하면서, 연금액(2024년 기준 33만5000원)을 매년 국민연금 가입자 평균소득과 연동해서 조정할 경우를 봅시다. 2024년에는 GDP의 1%가 소요되지만 점점 올라서 3%에 육박하게 돼요. 이런 설계구조와 고령화 추세를 감안하면 노인 100%에게 연금을 지급하는 건 무리입니다.

또 하나는 빈곤 개선 효과인데요. 노인 모두에게 월 40만 원을 지급하면 재정부담은 30%가량 늘어나지만 빈곤 개선 효과는 커지지 않습니다. 새로 기초연금에 들어온 상위 30%는 가난한 노인이 아니니까요.

'다 똑같이 세금 내는 시민인데 상위 30%에겐 왜 못 준다는 말이냐'는 논리가 대중적으로는 먹히는 것 같기도 한데요.

노후보장 수단이 기초연금뿐이라면 합당한 논리겠죠. 그런데 보다시피 국민연금과 퇴직연금이 함께 법정연금으로 존재해요. 상위 30%는 월 30~40만 원의 기초연금이 없어도 더 많은 국민연금과 퇴직연금, 개인자산으로 노후를 대비할 수 있습니다. 기초연금밖에 없거나 정말 소액의 국민연금을 받는 분들에게 더 두텁게 주는 게 맞고, 그러자면 액수를 차등화해서 최저소득을 보장*하는 방식이 더 적합하다고 봐요.

원래 기초연금은 모든 노인에게 주는 보편적 복지가 아닌가요? 서구 복지국가들은 어떤가요?

OECD 회원국 거의 모두가 기초연금을 운영합니다. 우리처럼 공적연금이 기초연금과 소득비례연금(국민연금)으로 구성되어 있죠. 그런데 기초연금의 형태는 다양해요. 네덜란드·뉴질랜드처럼 노인 모두에게 지급하기도 하고, 스웨덴·핀란드·호주처럼 하위계층에 집중하는 최저보장

---

* '최저소득'은 기본소득·부의소득·공적연금 등 모든 연금 제도에서 사용되는 기준이다. 시민이 인간적으로 생활할 수 있는 소득의 하한선을 의미한다. 정부에서 해마다 책정하는 최저생계비와는 별개의 개념으로, 공적연금에서 최저보장소득minimum guarantee, minimum pension이란 기초연금·국민연금 등을 합산해 국가가 보장하는 연금소득액을 의미한다. 이 책에서는 더 구체적으로 최저보장소득을 '기준 중위소득의 40%'에 해당하는 연금소득을 보장한다는 의미로 사용했다.

방식도 많아요. 캐나다는 보편적으로 지급하되, 하위 30%에게는 따로 보충연금을 주기도 해요. 노인이라도 경제적 처지가 모두 다르기에 여러 방안을 조합한 다층연금체계로 노후소득을 보장하는 거죠.

지난 30년간 서구에서 연금재정의 지속가능성을 위한 연금개혁이 진행되었는데요. 사실 이 개혁은 보장성의 점진적 하향을 수반합니다. 주목할 대목은 그런 흐름에서도 공적연금 외 노후대책이 없는 하위계층 노인을 위한 보장성은 오히려 강화했다는 점이에요. 보편적으로 운영하던 기초연금을 하위계층 중심으로 전환하면서 보장 수준을 높인 스웨덴이 대표적이죠. 재정의 지속가능성과 저소득층 노후보장을 모두 고려한 개혁이에요.

기초연금의 보장 수준도 중요합니다. 한국의 기초연금은 은퇴 전 소득의 7.4%입니다. 하지만 우리와 비슷한 기초연금 제도를 가진 OECD 회원국 대부분의 평균 소득대체율은 18% 언저리예요. 격차가 두 배를 넘죠. 우리가 기초연금액을 더 높여가야 하는 이유입니다.

보험료를 안 내도 노후를 보장해준다면, 누가 국민연금 보험료를 내겠느냐는 항변도 나옵니다. 한마디로

공정하지 않다는 건데요.

저도 종종 듣는 항변인데요. 기초연금을 올리면 누가 국민연금에 가입하겠느냐는 거죠. 두 가지 측면에서 답변 드리고 싶어요. 우선 법적으로 가입 대상자가 국민연금에서 이탈하는 건 불가능합니다. 국민연금법이 의무가입을 규정하고 있으니까요. 소득 파악을 비롯해 과세 인프라가 탄탄해져서 보험료를 회피하는 것도 어렵죠. 요컨대 소득이 있는 가입자는 그만큼의 보험료를 납부해야 합니다.

그다음에 현실적으로, 국민연금과 기초연금은 양자택일할 수 있는 제도가 아닙니다. 둘 중 하나 만으로 노후가 보장된다면 저런 볼멘소리가 먹히겠지만, 국민연금도 기초연금도 그 수준에 못 미쳐요. 기대여명이 늘수록 월 연금액은 더 부족해질 테고요. 그러니 가능하다면 두 연금을 모두 받아야 해요. 무엇보다 국민연금은 보험료를 내지만, 그 이상 받아가는 제도예요. 기초연금을 올리는 것과 무관하게 국민연금의 효용은 엄연합니다. 활용하지 않을 까닭이 없죠.

다만 저는 그런 항변이 국민연금에 대한 시민의 불신을 집약한다고 여겨요. 이건 해소해줘야 합니다. 연금개혁의 성패도 여기 달려 있다고 봐요. 원래 국민연금 같은 소득비례연금이 기여한 만큼 받아가는 원리로 설계된 건 맞아요. 노동시장 참여 여부에 따라 연금을 받을 수 있느냐가 갈리죠. 그렇다 보니 사회가 인정하는 경제활동을 하지 못한 여성 등 노동시장 외부자들이 연금을 받을 권리에서 배제되는 현상이 나타납니다. 이들이 빈곤 노인으로 전락하면서, 서구에서는 보험료를 꼬박꼬박 내지 못한 사람들에게 노동시장 참여 여부와 무관하게 연금 수급권을 확대하거나 세금을 지원하는 조치를 해왔어요. 이를 '재조준화recalibration'라고 하고, 그 방법 중 하나가 기초연금이에요. 이와 함께 우리로 치면 비정규직이나 특수고용직, 저소득 자영업자 등 연금의 사각지대에 있는 불안정 노동자를 위한 지원도 확대해왔는데, 이를 '표적화targeting'라고 불러요.

주로 대기업과 공공부문 정규직으로 구성된 노동조합들은 보험료를 낸 만큼 받아가는 원리를 더 선호하고, 여기에 사회의 한정된 자원을 투자하길 원해요. 보험료율을 올리되 소득대체율도 올리고 여기에 국고를 투입하자는 주장이 바로 그런 논리예요. 하지만 그 돈을 어려움에 처한 빈곤 노인과 저소득 자영업자 같은 노동시장 외부자들의 기초연금 액수를 늘리거나 국민연금 가입기간을 확대하는 데 쓰자고 주장할 수도 있죠. 독일에서는 녹색당이 약자에게 유리한 제도 개편을 적극 주장했고, 이를 재정 위기에 따른 기존의 보험료 인상이나 연금액 축소 방안과 맞바꾸면서 개혁을 관철합니다. 결국 연금에 대한 불신을 해소하는 동시에 광범위한 세력의 지지를 받는 '개혁 패키지'를 꾸리는 게 연금개혁의 핵심이라 볼 수 있어요.

나라마다 사정이 다르고 경로의존성이 있는 만큼 정말 쉽지 않은 문제일 것 같은데요. 박사님이 그리는 연금개혁의 청사진, 한국에서 과연 실현 가능할까요?

물론입니다. 그게 우리들 현세대의 임무이고요. 연금개혁에서는 저와 전 기자님이 모두 현세대예요. 국민연금 가입자로 보험료를 내고 있으니까요. 보통 청년들이 젊으니까 미래세대로 묶는데, 물론 저보다는 미래세대라고 볼 수 있지만, 국민연금에서는 보험료를 내고 있는 현세대에요. 정말 미래세대는 곧 국민연금에 가입할 청소년과 어린이, 앞으로 태어날 아이들이죠.

저는 연금개혁안으로 '계층별 다층연금체계'를 제안해요. '계층별'을 붙인 것은 '평균소득자' 기준만으로는 연금 청사진을 짤 수 없다는 의미입니다. 자본주의 체제에서

계층별 불평등이 존재하고, 특히 은퇴 이후의 격차는 더 커지죠. 그렇다면 공적연금의 보장성 전략도 계층별로 설계해야 합니다.

'다층연금체계'란 우리 노후의 대안을 국민연금으로 한정하지 말자는 이야기예요. 기초연금은 지출액이 20조 원으로 국민연금(34조 원)과 비교해서도 작은 덩치가 아니에요. 윤석열 정부의 국정과제대로 연금액이 오른다면 위상이 더 커질 테고요. 퇴직연금도 기업이 노동자를 위해 내는 기여액이 57조 원으로 국민연금(56조 원)보다 많습니다(모두 2022년 기준). 이 차이는 더 커질 전망이고요.

이 '연금 삼총사'로 공적연금의 보장성을 키워야 합니다. 비로소 제대로 된 한국인의 노후보장 설계가 가능하도록요. 하위계층 노인은 기초연금과 국민연금으로 최저소득을 보장받습니다. 중간계층은 세 연금을 적절히 조합해 누릴 수 있어요. 중상위계층 이상은 국민연금과 퇴직연금으로 노후를 준비하고요.

물론 세 연금 모두 저마다의 과제에 직면해 있습니다. 기초연금은 대상은 다소 넓지만 금액이 너무 적어요. 국민연금은 재정의 지속가능성에 빨간불이 들어왔고, 가입기간이 짧은 노동시장 주변부 취업자에겐 보장성이 취약하다는 문제를 안고 있습니다. 퇴직연금은 가입 대상이 협소한 데다 중간에 해지하는 경우가 대부분이라 연금으로서 제자리를 못 잡고 있죠.

어떻게 해야 할까요?

기초연금은 하위계층 노인의 생활을 보장할 수 있도록 누진급여체계의 최저보장 방식으로 전환해야 합니다. 국민연금은 재정안정화에 힘쓰면서 가입기간을 늘리는 노력을 해야 해요. 구체적으로 미래 재정 부담을 키우는 소득대체율 인상보다는 보험료 지원, 크레딧 확대, 의무가입연령 상향 등을 통해 가입기간을 늘려 보장성을 확대하는 방식으로요. 명목 소득대체율 인상이 아닌 실질 소득대체율을 강화하는 거죠. 퇴직연금은 모든 노동자에게 적용하면서도 명실상부한 노후 연금으로 자리 잡게끔 개편해야 합니다. 1년 미만 노동자도 취업기간만큼 퇴직연금을 적용받되 일단 가입하면 이직이나 퇴직 할 때도 중간해지를 하지 않도록 관리하는 식으로요.

이들 대안에 돈이 더 많이 들 거라는 비판이 있습니다. 그렇지 않아요. 우선 퇴직연금은 필요한 금액을 은퇴 전에 모두 적립하니 미래세대에게 부담을 주지 않아요. 기

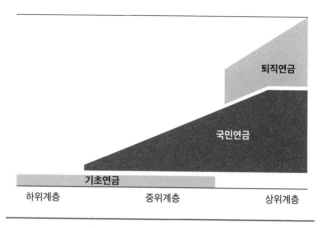

[그림5] 한국 '공적연금 삼총사' 현황

초연금은 후세대에게 연대를 요청할 수밖에 없는 제도예요. 조세를 기반으로 경제활동인구가 동시대 노인을 부양하는 제도니까요. 그래서 하위계층-최저보장 방식으로 가자는 거예요. 지금처럼 70%, 심지어 모든 노인에게 준다면 재정 부담만 가중될 뿐 뚜렷한 노후보장 효과를 기대하기 힘듭니다.

가장 큰 과제는 국민연금 재정의 지속가능성이에요. 현세대가 적어도 '받을 만큼은 낸다'는 수입-지출 균형을 목표로 삼아야 합니다. 대략 소득대체율 40%에 필요한 보험료율이 20%이므로, 일단 보험료율은 15% 정도까지 올

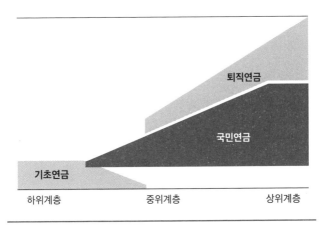

[그림6] '공적연금 삼총사'의 재설계(계층별 다층연금체계)

리고, 나머지 5%는 수급개시연령 상향이나 기금수익 강화 등으로 메워보자는 거죠.

다층연금체계안은 공적연금의 재정 안정과 노후 보장이란 양대 과제를 아쉬운 대로 동시에 만족시킬 수 있다는 점에서, 이견이 있더라도 충분히 토론해볼 만한 대안이 아닐까 합니다. 사실 토론회는 수없이 이뤄져왔지만, 그럼에도 아직은 낯설게 느끼는 시민들이 많은데요. 연금개혁 논의에서 이런 구체적인 대안이 전 사회적으로 공유되지 못한 이유가 뭘까요?

정치의 부재죠. 보험료를 인상하고, 연금액을 조정하고, 지급 대상을 축소하고, 퇴직금을 연금화하는 건 모두 정치의 영역입니다. 지난 10여 년간 모두가 연금개혁이 중요하다고 말했지만 누구도 행동하지 않았어요. 정치가 시민들에게 고통 분담을 설득하지 못했을 뿐 아니라, 공동체의 장기적 이익을 위해 어떤 변화가 필요한지 판단을 미뤄온 대가가 눈앞의 연금재정 위기입니다.

아이러니하지만 그 위기를 해결할 수 있는 것도 결국 정치겠죠. 연금문제에서 무엇이 진짜 진보인지 대의를 세우고, 그 전선에 함께할 광범위한 지지세력을 규합해야 해요. 고양이 목에 방울 달기라지만 그걸 성취해온 유럽 복지국가들이 있고, 우리에게도 그런 역사가 있어요. 이제 저출생-고령화-저성장이라는 삼중고를 감안하면 연금 제도 개혁만으로는 부족할 겁니다. 여러 사회경제적 혁신이 필요한데, 이 또한 정치의 문제예요.

2부

지속가능한
노후를 위한
연금정치학

연금은
정치다

그들은
무엇을
했나?

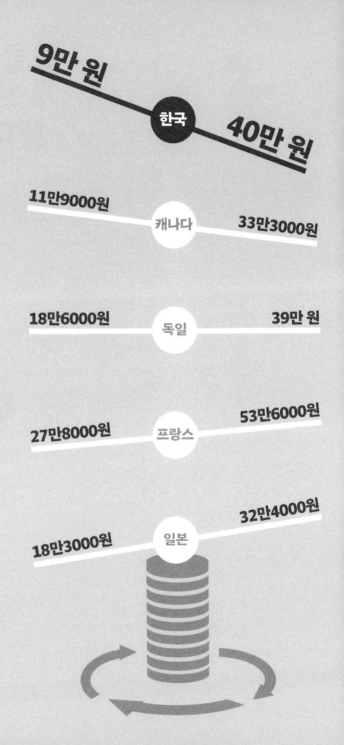

얼마를 내고 얼마를 돌려받을까?
주요 국가별 국민연금 보험료-연금액 비교(월 100만 원 소득자, 40년 가입기준)

9만 원
한국
40만 원

11만9000원
캐나다
33만3000원

18만6000원
독일
39만 원

27만8000원
프랑스
53만6000원

18만3000원
일본
32만4000원

기금 고갈에
대처하는
법

우리가 연금이 곧 바닥날 것을 걱정하지만, 이미 연금 고갈을 겪고도 멀쩡히 잘 사는 나라들이 있습니다. 유럽 주요국들과 일본, 캐나다 등인데요. 이 나라들은 연금 위기에 어떻게 대처했을까요?

연금재정 구조는 크게 두 가지가 있어요. 하나는 적립식. 말 그대로 가입자가 나중에 받을 연금액을 미리 보험료로 적립해두는 방식이에요. 미래세대에게 부양 부담을 전가하지 않죠. 다만 큰돈이 쌓이는 만큼 기금운용이 중요한 과제로 등장합니다. 다른 하나는 부과식인데요. 그해 필요한 연금액을 그해 가입자(또는 시민 일반)에게 부과하는, 다시 말해 거두는 방식을 말해요. 사실 부과식은 굉장히 아름다운 제도입니다. 젊은 가입자들이 자기 노후를 위해 보험료를 쌓아두지 않고 '지금 여기'의 노인을 위해 모두 사용한다는 점에서요. 이런 '세대 간 연대'가 어떻게 가능하냐면, 내가 늙은 뒤에도 동료 시민들이 그렇게 해주리라고 믿기 때문이에요.

서구의 연금 제도는 대부분 부과식입니다. 물론 처음부터 그러진 않았죠. 연금 도입 초기에는 수급자가 적어서 돈이 모이니까요. 그럼 어떻게 여기까지 왔느냐. 적립식에서 부과식으로 전환한 대표적인 나라가 독일인데, 1889년부터 노동자연금 제도를 도입해 쌓아둔 적립금을 1·2차 세계대전 때 전시자금으로 써버렸어요. 전쟁에선 졌고, 연기금은 바닥났으니 부과식으로 갈 수밖에 없었죠. 이 전환이 1957~1967년까지 10년에 걸쳐 이뤄집니다.

보험료율은 어떻게 됐나요? 독일은 보험료에다 국고 보조금을 더 투입해서 연금을 운영하는 나라로 잘 알려져 있는데요.

공적연금을 처음 도입할 때만 해도 보험료율은 높지 않았어요. 돈을 미리 내고 은퇴 이후에 돌려받는 제도인 만큼 조심스럽게 시작한 거죠. 독일의 경우 노동자연금의 최초 보험료율은 1.7%였고, 20년간 쭉 유지되다가 1911년 이후 조금씩 올라요. 그리고 1942년부터는 5.6%, 1949년 들어서는 10%로 크게 상승합니다. 2차 세계대전의 여파로 재정난이 심해졌거든요. 부과식으로 전환을 시작한 게 이때부터예요. 그러면서 1955년 11%이던 보험료율이 1957년 14%, 1968년 15%를 거쳐 1973년엔 18%에 이르게 됩니다. 그 뒤로는 인구·경제 상황에 따라 17~20%대를 오가고 있고요. 2023년 기준으로 독일인들은 소득의 18.6%(노사 각 9.3%씩)를 연금 보험료로 냅니다.

그런데 독일인이 받는 연금엔 현재 가입자의 보험료뿐만 별도의 국고보조금도 포함돼 있습니다. 전체 연금 지출액의 약 1/4을 차지하는데요. 한국에서 종종 독일 사례가 소개되는 게 바로 이 국고보조금 때문이에요. 요컨대 '미래에 우리가 받을 연금의 전부를 우리가 납부할 이유는 없다. 부족한 돈은 해당 시점의 국고로 충당하면 된다'는 주장이죠.

독일의 법정연금에서 국고보조금 비중이 큰 건 사실입니다. 그런데 그 돈이 모두 보험료 부족분에 들어가는 건 아니에요. 보조금의 약 60%는 출산·실업·장애 크레딧 등 연금 약자 지원에 쓰입니다. 일부는 과거 광부연금 적자보전에 사용되고요. 이런 걸 빼면 보험료 부족분, 즉 보험료율을 적정선까지 올리지 못한 걸 메워주는 금액은 전체 국고보조금의 36%선에 그칩니다. 독일은 앞으로도 보험료율 인상 가능성을 열어두고 있는데요. 단, 최대 상한선 22%를 법으로 규정해놓았습니다. 그 정도면 연금재정이 지속가능하다고 보는 거죠.

이를 통해 독일인들이 은퇴 후 받을 연금의 평균 소득대체율은 43.9%입니다. 45년 가입이 기준으로, 한국처럼 40년 가입으로 환산하면 39%예요. 명목 소득대체율로 비교하면 한국은 번 돈의 9%를 내고 40%를 받아 가는데, 독일은 18.6%를 내고 39%를 받는 거예요. 연금의 지속가능성에서 양국 시민이 감당하고 있는 책임의 격차를 확연하게 보여주는 지표죠.

국고가 적지 않게 투입되는데도 보험료 부담이 상당하군요.

서구의 다른 나라들도 마찬가지예요. 저부담-저보장 구조로 시작했지만 노후보장을 위해 점차 소득대체율이 상승한 거죠. 그러면서 자연스럽게 적립식에서 부과식으로 이행합니다. 문제는 이게 대부분 1950~1970년대에 일어났다는 거예요. 당시는 자본주의의 황금기입니다. 경제가 쭉쭉 성장했죠. 노인들의 기대여명은 오늘날보다 짧았고, 아이들은 점점 더 많이 태어났습니다. 이렇게 낙관적인 경제·인구 여건에서는 부과식으로 바꿔도 문제가 없어요. 그해 노동인구가 그해 노인을 부양하는 방식이니까요. 그런데 이런 상황은 1980년대 들어 반전을 맞습니다. 각국의 노동시장이 불안정해지고 저출생-고령화가 대두되면서 연금재정에도 경고등이 들어온 거죠.

우리가 앞으로 겪을 상황을 먼저 경험한 거네요. 그런데 고령화와 부과식은 어떤 관계가 있나요?

부과식에서 가장 큰 변수가 뭐겠어요? 인구구조죠. 구체적으로 보험료를 내는 인구(가입자)와 연금을 받는 인구(수급자)의 비율입니다. 노인이 늘수록 젊은 세대 부담이 커지죠. 고령화에 가장 취약한 제도이고, 그래서 여러 나라에서 1980년대 이후 보험료가 크게 오릅니다. 2022년 기준 OECD의 공적연금 평균 보험료율이 18.4%에 달하는 이유죠. 한국의 두 배예요.

보험료율만 올린 게 아니라 소득대체율도 깎았습니다. 독일은 1980년 총임금대비 50.2%이던 소득대체율이

2022년 45%까지 하락해요.[*] 이런 추세는 계속 이어지고 있고요. 미래엔 한국과 비슷한 수준까지 떨어질 걸로 전망돼요. 이 밖에도 독일은 2004년 '지속가능성 계수'라는 것을 도입합니다. 연금 계산식에 가입자·수급자·실업자 수를 각각 반영하는 건데요. 예컨대 고령화·실업난으로 연금 가입자가 줄어들면 그에 따라 연금을 깎는 겁니다. 일종의 '자동안정화 장치'죠. 현실에 맞춰 매번 보험료율·소득대체율을 조정하는 데 드는 사회적 비용과 부담을 고려한 선택입니다. '연금정책의 탈정치화'라고 할까요. 2007년엔 수급개시연령도 65세에서 67세로 올렸습니다. 가능한 방안을 모두 동원해 연금재정의 지속가능성을 확보하고 있는 거죠.

서구 연금개혁에서 또 하나 주목할 대목은 부과식 공적연금 제도를 운영하면서도 보험료 일부를 뒷날에 대비한 완충기금reserve funds으로 적립해둔다는 점이에요. '인구구조 변화에 따른 미래세대 부담을 사전에 대비하자'는 현세대의 책임의식이죠. 대표적으로 스웨덴이 1998년 연금

---

[*]　표준연금액의 순임금대비 소득대체율, 〈공적연금개혁과 재정전망Ⅱ〉, 국회예산정책처, 2023.

개혁에서 보험료율 18.5% 가운데 2.5%을 적립식으로 전환했습니다.

연금 선진국은 재정을 대개 부과식으로 운영하지만 이렇게 별도의 적립금을 쌓아두는 경우가 많습니다. 독일은 완충기금 규모가 GDP 1% 수준으로 작습니다만, 그밖에는 일본이 GDP 대비 34.4%, 핀란드 31.2%, 스웨덴 30.5%, 룩셈부르크 30.1%, 캐나다 23.1% 등이에요. 적립식인 한국의 41.9%와 비교해도 상당한 규모죠(2022년 기준).

소득대체율 인상을 주장하는 쪽에서 이야기하는 것도 독일 모델입니다. 연기금이 바닥나도 독일처럼 부과식으로 전환하면 된다는 거죠. 2025년 기준 OECD 회원국들의 공적연금 지출 총액이 GDP 9.3% 수준인데, 한국의 2080년 연금 총액이 GDP의 9.4%다. 따라서 이 정도는 당시 국가재정으로 감당할 수 있다는 논리인데요.

또한 독일은 2025년 공적연금 지출 총액이 GDP 대비 10.9%이고, 앞으로 12%대에 이를 텐데, 한국의 초고령화를 감안하면 9.4%의 지출은 미래세대가 수용할 수 있다고 주장합니다. 요약하면 '보험료

에만 기댈 게 아니라 국가재정을 투입하면 충분히 감당할 수 있다. 그때 가면 한국의 노인인구 비율이 절반에 육박하는데, 이 정도의 경제 규모를 가진 국가가 뭐가 모자라서 그만큼도 노인에게 투자 못하냐'는 논리죠.

우선 공정한 비교를 위해서는 기준이 동일해야겠죠. 2080년 한국의 GDP 대비 연금지출 총액 9.4%는 2023년 제5차 국민연금 재정계산에서 나온 수치예요. 여기에는 국민연금 지출액만 집계되어 있어요. 그런데 OECD 회원국의 공적연금 지출 통계엔 우리로 치면 국민연금(소득에 비례해 보험료를 내고 받는 연금)뿐만 아니라 특수직역연금, 기초연금이 모두 포함되어 있습니다.

따라서 정직하게 보려면 한국의 지출액에도 특수직역연금과 기초연금을 합산해야 합니다. 그럼 얼마가 나올까요? 대략 5% 정도가 올라서 2060년엔 GDP 대비 약 12%, 2080년에는 14%에 달해요. OECD 연금보고서가 내놓은 공적연금 지출 전망치는 2060년까지인데요. 이때 회원국 평균은 10.3%, 유럽 평균은 13.9%예요. 감당할 만하다고 한 OECD 평균은 진즉에 넘고 유럽의 지출 규모에 근접하는 거죠. 그것도 아주 빠르게요.

게다가 연금재정은 수입과 지출로 구성됩니다. 소득대체율 인상을 주장하는 분들이 내세우는 GDP 대비 수치는 지출 총액만 보여줄 뿐이에요. 문제의 절반만 보는 거죠. 연금개혁에 성공한 나라들이 여전히 재정의 지속가능성을 고민하는 건 인구구조가 노년부양에 불리하게 가고 있기 때문이에요. 따라서 이 문제는 해당 시점의 수입-지출을 동시에 봐야 하고, 두 변수를 모두 감안한 수치가 (보험료 수입으로 연금 지출을 전액 충당하는 걸 산정한) 부과식 보험료율이에요. 이게 35%대까지 올라간다는 거죠.

초고령화 시대의 미래세대는 이 보험료율을 감당할 수 없습니다. 연금수리학에서 보는 수입-지출 균형 보험료율이 20%인데, 덜컥 35%를 내라고 하면 수긍할 사람이 얼마나 있겠어요. 그러면 법에 약속된 연금 지출은 어떻게 될까요? 정말 상상하기 싫은 일이 벌어질 수도 있습니다. 연금재정을 정직하게 살펴야 하는 이유예요.

마지막으로, 소득대체율 인상론자들이 강조하는 독일을 다시 볼까요? 독일의 공적연금 지출은 2030년 GDP 대비 11.5%이고, 2060년까지 12% 초중반으로 유지됩니다. 지금도, 미래에도 재정이 안정적이죠. 이게 어떻게 가능할까요? 기반은 현재 독일 시민들이 내고 있는 소득의

18.6%, 그리고 앞으로 감당하기로 합의한 소득의 22%예요. 여기에 자동 안정화장치까지 마련해 불가피한 변수에 대비합니다. 그래서 노인 비율이 증가해도 연금 지출을 붙들어 맬 수 있는 거예요. 반면 한국은 9%만 내고 있고, 인구 조건은 세계 최악이죠. 이런데도 보험료율 인상 없이도 소득대체율을 올릴 수 있고, '재정으로 감당할 수 있다'고 주장하는 건, 솔깃하지만 무책임한 태도예요.

그렇지만 현세대의 우리들도 고통 분담을 하고 있지 않나요? 1988년 도입 당시 국민연금은 소득대체율 70%, 보험료율 3%인 제도였습니다. 이후 소득대체율이 1998년 60%, 2008년 50%, 이후 2028년까지 40%로 떨어지는 동안 보험료율은 1993년 6%, 1998년부터 9%로 올랐죠. 연금을 받기 시작하는 나이인 수급개시연령도 60세에서 65세(2033년 이후)로 늦춰지고 있고요.

연금 선진국들의 역사를 돌아보면, 보험료율·소득대체율을 작게 잡고서 시작한 뒤, 이를 단계적으로 인상하며 제도를 성숙시켜왔습니다. 반면 전 기자님 말씀대로 우리 국민연금은 도입 당시부터 3%를 내고 70%를 돌려받는 체제였죠. 보험료율은 국민연금법을 제정할 때 10년에 걸쳐 9%까지 올리기로 했으니, 사실상 고정되어왔다고 볼 수도 있어요. 어떻든 내는 돈에 비해 과도한 연금이었지요. 일각에선 김대중·노무현 정부에서 소득대체율을 40%로 낮춘 걸 두고 너무 깎았다며 비판하는데, 실은 애초에 너무 높게 설정된 게 문제인 거죠. 40%면 OECD 평균 수준이에요. 결코 낮지 않죠.

원래 주던 액수를 줄이거나 수급 기간을 단축하는 변화는 어느 나라든 만만찮을 거예요. 그런 걸 감안하면 그래도 이런저런 개혁을 해왔네요. 우리보다 먼저 고령화를 경험한 나라가 이웃 일본인데, 일본은 어땠나요?

일본 역시 보험료율 인상, 소득대체율 인하와 함께 '자동안정화 장치'를 도입한 대표적 나라예요. 그런데 과거에는 일본도 한국과 비슷한 처지였어요. 재정계산 결과가 발표되는 5년마다 연금의 지속가능성에 물음표가 붙었죠. 원인은 역시 하락하는 합계출산율과 상승하는 기대여명이고요. 그러다 2004년 의회에서 대대적 연금개혁안을 통과시킵니다. 그 덕분에 2003년 13.6%이던 보험료율이

2017년엔 18.3%로 뛰죠. 소득대체율도 59.3%에서 단계적으로 하락해 2023년엔 50.2%이고요.

참고로 일본의 소득대체율 기준은 우리와 달라요. 가구주, 즉 가장(1명)의 국민연금에 부부(2명)의 기초연금까지 합한 수치예요. 우리처럼 1인 기준으로 계산한 OECD 보고서에 따르면, 2060년대 일본의 공적연금 소득대체율은 32.4%예요. 보험료율이 18.3%(기초연금 기여금 포함)인데 비해서는 보장 수준이 높진 않죠.

'노인을 위한 나라'라는 그간의 통념과는 사뭇 다르네요. 반면 보험료율은 기초연금에 내는 돈까지 포함했다고 해도 18.3%로 우리보다 높고요. 이러면 일본 공적연금은 미래 재정 안정을 달성했다고 볼 수 있을까요?

예, 대체로 연금재정의 지속가능성을 이룬 나라로 평가해요. 개혁안을 좀 더 들여다보면, 일본은 국민 부담이 늘어날 거라는 우려 때문에 보험료율 상한을 최대 18.3%로 고정해놓았습니다. 이러면 미래의 연금지출을 보험료 수입으로 감당하지 못할 수도 있죠. 그래서 도입한 게 '거시경제 슬라이드'라는 자동안정화 장치입니다. 노동인구가 줄어들거나(가입자 감소), 기대여명이 늘어남(수급자 증가)에 따라 급여를 깎는 거죠. 일본은 이걸 이미 은퇴한 수급자의 연금에까지도 적용했어요. 대신 소득대체율이 50%(부부합산) 아래로는 내려가지 않도록 하고요.

일본의 보험료율에는 기초연금 기여금이 포함돼 있다는 점도 흥미롭습니다.

맞아요. 기초연금 재정을 우리처럼 국고로만 충당하지 않고 보험료를 함께 걷어요. 월 보험료율 18.3%에 1만 6500엔(약 15만 원)의 기초연금 부담분이 포함돼 있어요. OECD 국가의 1/3 정도는 일본과 비슷한 방식으로 기초연금을 운영하고, 나머지는 우리처럼 세금에서 지원해요.

일본이나 다른 나라들의 사례를 종합하면 월소득의 20% 정도가 현세대 가입자들의 재정적 책임선으로 보여요. 이 수치는 국민연금의 수입-지출 균형 보험료율이기도 하죠.

선진국의
연금정치

실제 연금개혁에 성공한 사례를 들으니 용기가 나기도 하는데요. 아무리 그래도 보험료를 올리고, 보장 수준을 낮추고, 연금 받는 시기를 늦추는 게 반가운 소식은 아니잖아요. 그 나라들에 이타심 가득한 사람만 사는 건 아닐 텐데, 자기 주머니에서 돈을 빼가는 식의 개혁에 어떻게 동의할 수 있었을까요? 다른 말로 질문하면, 정치는 이 문제를 어떻게 돌파했나요?

내각제, 그중에서도 의회주의가 발달한 나라들은 의사결정의 프로세스가 우리와는 다른 것 같아요. 예컨대 연금 문제라면 한국은 가만히 있다가 연금이 고갈된다는 뉴스가 터지고 나서야 무슨 무슨 특위나 기구를 만들고 그때마다 새로운 멤버들이 합류하죠. '제1장 국민연금이란 무엇인가'부터 다시 공부하면서요. 그러다 보니 논의도 합의도 더디죠. 반면 이 나라들은 각 정당이 연금문제에 나름의 입장과 관점을 충분히 갖춘 상태에서 논의를 해요. 물론 거기도 위원회를 꾸리긴 하는데, 한번 조직된 위원회가 정권이 바뀌어도 그대로 갑니다.

1998년 스웨덴 연금개혁 과정이 그랬어요. 1990년대 초 보수당이 꾸린 위원회가 나중에 사민당 정권에서도 계속 이어집니다. 거기서 마련한 사회적 합의 중 하나가 오늘날의 기초연금이죠. 모든 노인에게 주던 보편적 연금이 하위계층 노인에게 최저소득을 보장하는 형태로 바뀌었습니다. 국민연금을 가입자가 기여한 만큼만 주는 방식으로 고치고, 사측이 모두 내던 보험료를 노동자와 분담하도록 한 것도 이때의 일이에요. 물론 전액 세액공제되기 때문에 실제 노동자의 주머니가 가벼워지진 않았습니다. 국가의 세금 수입이 낮아졌을 뿐이고, 따라서 기업이 큰 혜택을 봤죠. 이 사안들이 타결되는 데 10년 가까이 걸렸어요.

저도 궁금했습니다. 그곳 사람들은 어떻게 보험료 인상이나 연금 감액을 수긍하고 또 관철할 수 있었는지에 대해서요. 여러 문헌과 연구자들의 이야기를 들어보면, 무엇보다 팩트의 힘이에요. 경제와 인구구조의 변화로 미래세대 부담이 커진다는 객관적 분석이 있었고, 이에 시민의 책임의식이 발휘된 거죠. 십수 년째 연금문제에서 객관적인 팩트, 그에 따른 공통된 인식을 마련하지 못하고 있는 우리로선 부럽기도 하고 뼈아프기도 한 대목입니다.

또 하나의 비결은 청년세대에게 앞으로의 연금 청사진을 명확하게 제시했다는 데 있어요. 일본은 부담의 상한선과 보장의 하한선을 긋고, 이를 구현하는 연금체계를 구축했습니다. 독일도 재정의 지속가능성을 위해서 자동안정화 장치를 도입하되 보험료율은 최대 22%로 고정했습니다. 다시 말해 일본과 독일의 청년들은 얼마를 내고 나중에 얼마를 돌려받을지 알고서 노후를 그릴 수 있는 거죠.

비슷한 개혁안이 한국사회에 던져졌다고 상상해보면⋯ 난리가 날 것 같은데요.(웃음) 신뢰의 문제일까요? 아니면 충분한 시간을 두고 논의했기에 가능했던 걸까요? 우리의 경우엔 둘 다 부족하다는 게 문제입니다만(웃음) 아무튼 그런 큰 그림 안에 어떤 디테일이 있었을까요?

세계 연금사에서 가장 근본적인 개혁으로 평가받는

스웨덴 사례를 더 이야기해볼게요. 우선, 우리로 치면 국민연금이죠. 소득에 비례해서 보험료를 납부하고 돌려받는 연금을 '확정급여형'에서 '확정기여형'으로 전환합니다. 확정급여형은 우리 국민연금처럼 노년에 받을 연금 수준, 즉 급여가 미리 확정되는 제도예요. 중요한 건 이때 보험료율과 연금 수준은 별개입니다. 현재 우리가 9%를 내지만 돌려받는 건 40%로 정해져 있는 것처럼요. 문제는 확정급여형은 저출생-고령화 상황에서는 재정 균형을 이루기 힘들다는 거예요.

스웨덴은 이걸 확정기여형으로 과감히 바꿨어요. 가입자가 낸 보험료에 이자를 더해 연금액이 정해지는 방식이죠. 이러면 모든 가입자가 기여한 만큼 받으니 세대별 수입-지출 균형이 제도 내부에서 확보됩니다. 강력한 재정안정화 체계죠.

또 하나는 앞서 말한 기초연금 개편안에 있어요. 국민연금(소득비례연금)과 기초연금을 따로따로 받던 걸, 둘을 연계해서 국민연금을 받는 노인에겐 기초연금을 안 주거나 감액하는 거죠. 당시 가뜩이나 재정위기를 겪던 스웨덴으로선 노인인구가 늘면서 기초연금 부담이 점점 가중되고 있었어요. 이 문제를 보편적 연금을 선별 지급으로 바꾸되 보장성을 강화하는 방식으로 타개하려 한 거죠.

어떻게 해서 중상위계층들이 그 개혁을 수용했을까요?

정말 놀라워요. 당시 기초연금 지급액이 크지 않아 사회적 양보가 가능했다는 현실적 분석도 있지만, 그전에 나보다 공동체와 다음 세대를 생각하는 시민의식이 없다면 불가능했겠죠. 물론 이건 제 생각이고, 스웨덴 내부에서도 얼마나 많은 논쟁이 붙었겠어요. 2004년에 연금개혁 연수차 스웨덴을 방문했는데요. 거기서 동행한 동료 한 분이 '시민들이 어떻게 동의할 수 있었습니까?'라고 물으니, 강사분이 '우리는 지속가능성을 위해 합리적 결정을 했다'고 답변했어요. 그런데 다른 한 사람이 '노노노, 아이 돈 어그리!I don't agree!' 하는 거예요. 그만큼 스웨덴 내에서도 진통이 컸던 개혁인 거죠. 그러면서도 마침내 합의에 이른 건, 그만큼 위기의식이 컸던 거죠. 1990년대에 스웨덴 복지국가가 금융위기를 맞아 크게 휘청댔습니다. 나라가 거의 망할 뻔했어요. 그런 와중에 하위계층의 소득보장은 강화하기로 결단한 것도 대단하죠.

스웨덴은 긴 논의 끝에 합의에 다다랐지만, 그게 어느 나라에서나 가능한 케이스는 아닌 것 같습니다. 프랑스도 결국 관철은 했다지만, 수급개시연령을 늦추는 개혁안에 온 나라가 들고 일어났잖아요.

사실 프랑스 사람들은 시위를 할 만해요. 노사가 합쳐 보험료를 27.8%나 내고 있으니까요(노동자 11.3%, 기업 16.5%). OECD 연금보고서에 따르면, 프랑스 청년들은 은퇴 후 57.6% 소득대체율을 적용받게 됩니다(43년 가입 기준). 우리 국민연금(40년 가입)에 대입하면 프랑스 시민들은 27.8% 내고 53.6%를 돌려받는 거죠. 이 정도로 책임을 다하고 있는데도 수급개시연령을 2년 늦추겠다니 화가 날 법하죠. 물론 프랑스 특유의 높은 권리 의식도 한몫했을 테고요.

또 하나, 프랑스의 연금개혁이 시끌벅적한 건 자동안정화 장치가 없어서이기도 합니다. 많은 OECD 국가들이 이 제도를 도입한 이유가 있어요. 연금문제의 해법은 대개 '과거보다 더 내고 덜 받는' 쪽을 향하다보니 정치적 저항이 뒤따르기 마련입니다. 이걸 제도 내부에서 자동으로 조정해 갈등을 최소화하자는 게 자동안정화 장치의 취지죠. 좋은 의미의 '탈정치화'라고 할 수 있어요.

연금이라는 중요한 자원의 배분을 결정하면서, 저항이나 갈등을 피하겠다고 탈정치화를 지향하는 게 적절한지 모르겠습니다. 우여곡절이 있더라도 의회의 논의를 거쳐야 하는 것 아닐까요?

2021년 OECD 보고서에 이런 내용이 있어요. 각 국가에서 자동안정화 장치가 계획대로 작동되고 있는가? '노No.' 인구·경제 여건에 맞춰 연금액을 자동으로 조절하도록 세팅해놓긴 했지만, 그 결과가 정치적으로 수용되기 어려운 정도라면 의회가 개입해서 통제할 수 있어요. 자동안정화 장치가 건드릴 수 없는 철칙이라면 모르지만, 실제로는 정치가 제동을 걸 수 있으니 비민주적이라고 단정하긴 어렵습니다. 오히려 연금재정을 적정 수준으로 관리하면서도, 이 문제가 과도하게 정치화되는 걸 막아주는 순기능이 크다고 봐요.

소득대체율도 올리고 보험료율도 올린 나라로 캐나다를 주목하는 사람들도 있습니다.

그렇죠. 근래 가장 주목받는 나라입니다. 보장 수준을 낮추는 게 지난 반세기 동안 연금개혁의 골자인데, 캐나다는 거꾸로 소득대체율을 올려서 '더 내고 더 받는' 개혁을 감행했으니까요.

캐나다는 20세기 초반에 기초연금을, 1966년부터 국민연금을 도입했습니다. 캐나다 역시 국민연금 소득대체율은 높지 않았어요. 보험료율도 1987년까지 3.6%를 유지하다가 단계적으로 인상해 2003년에 9.9%에 이르러요. 9.9%를 내고 25%를 돌려받는 제도였죠. 그러다가 최근 연금개혁을 통해 보험료율(11.9%)과 소득대체율(33.3%)을 모두 올렸습니다.

캐나다는 과거 보험료율 인상으로 조성한 기금을 적극적으로 운용하는 나라예요. 현재도 부동산·사회간접자본 등 리스크가 높은 '대체투자' 비중이 절반에 달하고, 기금운용 성과도 매우 좋은 편이에요. 앞으로도 8~9년치 지출액에 달하는 기금을 투자하면서, 그 수익으로 전체 연금액의 30%를 충당한다는 전략입니다. 이런 자신감을 바탕으로 '더 내고 더 받는' 개혁을 밀어붙인 거죠. 현재 캐나다는 자체 계산에서 재정안정을 확보하고 있고, 이후 균형이 깨질 경우에 대비한 자동안정화 장치도 갖고 있어요.

결국 길이 달라 보이는 캐나다 사례에서도 연금개혁의 대원칙은 그대로입니다. 재정안정을 달성한 후에 보험료율-소득대체율을 올렸다는 거예요. '더 내고 더 받자'며 캐나다 모델을 대안으로 내세우는 분들이 간과하는 지점이죠.

우리도 그렇게 가자고 하기엔, 수입-지출의 불균형이 심하네요. 공격적인 투자에 따른 리스크도 생각하지 않을 수 없고요. 각 나라의 경험을 보다 보면, 결국 관건은 가입자-시민의 신뢰를 확보하는 데 있는 것 같습니다.

그 주제는 영국의 연금개혁을 통해 이야기해볼게요. 1980년대 마거릿 대처(보수당) 정부가 '민영화·자유화·개인화'한 연금 제도 전반에 국가의 개입을 다시 강화한 사례입니다. 2002년 노동당 정부가 시작하고 2011년 보수-자유 연립정부가 매듭을 지었는데요. 《코끼리 쉽게 옮기기》(2014)라는 책에도 과정이 잘 정리돼 있습니다.

먼저 3인의 연금위원회가 보고서를 만들었어요. 각각 전 영국산업연맹 대표이자 당시 메릴린치 부회장 아데어 터너(총리 추천), 전 영국노동조합회의 의장 지니 드레이크(재무장관 추천), 런던 정치경제대학 교수 존 힐스(노동연금장관 추천)입니다. 이 세 사람이 가장 공들인 게 뭐냐면, 최소한 "상태 분석에는 동의하지 않는 사람이 없도록" 기초적 사실을 제시하는 일이었어요. 그렇게 해서 영국의 노인 인구 부양 비율이 2050년에 두 배가 될 것이고, 노후대책으로서 민간연금은 실패했으며, 당시의 국가연금 체계로는 광범위한 노동자들이 노후빈곤에 빠진다는 '움직일 수 없는 사실'을 공유합니다.

이를 바탕으로 연금위원회와 의회에서 이해당사자들의 의견을 수렴하고, 2005년 전국 8개 권역에서 '전 국민 연금 토론'을 개최하는 등 광범위한 대중 협의를 진행해요. "시민들은 숙의 과정에서 문제의 심각성을 이해하게 되었고, 노후 대비의 비용과 책임을 받아들일 수밖에 없다는 판단을 하게 되었다. 그렇게 된 가장 중요한 공로는 도저히 외면할 수 없는 '사실들'을 보여주는 연금위원회의 기초 작업에 있었다"*라는 거예요. 우리도 외면할 수 없는 최소한의 사실들을 공유해야 합니다. 자극적인 공포 마케팅도, 대책 없는 낙관도 경계하면서요. 저는 우리나라 연금개혁 논의에서도 가장 중요한 것이 바로 '팩트, 팩트, 팩트!'라고 생각해요. 그러자면 먼저 우리가 걸어온 길을 되짚어봐야 겠죠.

---

*   김영순, 《코끼리 쉽게 옮기기》, 173쪽, 후마니타스, 2014.

우리가
하지 않은
것들

05

역대 정부의 연금개혁 성적표

김대중 정부
국민연금 ⭕

노무현 정부
국민연금 ⭕
기초연금 ⭕(도입)
퇴직연금 ⭕(도입)

이명박 정부
국민연금 ❌
기초연금 ❌
퇴직연금 ❌

박근혜 정부
국민연금 ❌
기초연금 ⭕
퇴직연금 ❌
※ 공무원연금 ⭕

문재인 정부
국민연금 ❌
기초연금 ⭕
퇴직연금 ❌

김대중·노무현의
재발견

1988년 국민연금이 출범한 후 36년간 한국사회는 두 차례의 연금개혁을 추진했습니다. 그때의 상황과 주요 쟁점들을 되짚어봤으면 하는데요. 김대중 정부의 1차 연금개혁 이야기부터 해볼까요?

출범 초기의 국민연금은 '보험료율 3%-소득대체율 70% 체제'였습니다. 앞서 언급한 대로 국민연금법을 시행하면서 보험료율은 1993년부터 6%로, 1998년부터 9%로 올리기로 했죠. 이건 사업장가입자 기준이고요. 지역가입자의 보험료율은 가입이 시작된 1999년 3%부터 서서히 올라 2005년 7월 이후 9%로 고정되었습니다. 김대중 정부 시기(1998~2003)에 조정된 보험료율 9%가 사반세기가 지난 지금까지 유지되고 있는 거죠.

김대중 정부가 추진한 연금개혁은 세 가지예요. 첫째, 70%이던 소득대체율을 1998년에 60%로 낮췄어요. 둘째로 연금을 받기 시작하는 나이, 즉 수급개시연령을 60세에서 조금씩 늦춰서 2033년부터 65세가 되도록 바꿨어요. 셋째, 이후 5년마다 재정계산을 해서 연금의 지속가능성을 점검하게 했어요. 그렇게 2003년을 시작으로 2008년, 2013년, 2018년, 2023년까지 다섯 차례의 재정계산이 진행된 거죠. 때마침 1차 재정계산 결과가 노무현 정부(2003~2008)의 집권 첫해에 발표되면서 또 한 차례 연금개혁 논의가 불붙게 됩니다.

16대 대통령선거가 치러진 2002년부터 이미 연금개혁이 이슈였죠?

맞아요. 재정계산 결과가 발표된 건 2003년 3월이지만, 대통령선거와 맞물려 이미 결과가 흘러나오고 있었죠. 2002년 12월 대선후보 토론회에서 한나라당(지금의 국민의힘) 이회창 후보가 국민연금 문제를 어떻게 해결할 거냐고 묻자, 노무현 민주당(지금의 더불어민주당) 후보가 이렇게 답합니다. "연금을 만드는 이유가 노후에 안정된 생활을 보장하기 위해서인데, 연기금의 수입-지출 균형을 맞추겠다고 거기에다가 액수를 깎아버린다고 하면 연금 제도가 아니고 용돈 제도가 되어버리기 때문에, 그것은 연금의 본질을 훼손하는 것입니다." 당시 소득대체율을 60%에서 40%로 깎겠다는 이회창 후보의 공약을 정면으로 비판한 거예요. '용돈 연금'이란 표현이 지금까지도 시민들 사이에 회자되는 계기가 바로 이 토론입니다. 그해 대선의 향배를 가른 결정적 장면 가운데 하나죠. 이회창 후보 캠프에선 그 토론 하나로 '노인 100만 표가 날아갔다'고 자평할 정도였으니까요.

아무튼 그렇게 해서 노무현 후보가 대통령에 당선됐는데, 이듬해 1차 재정계산 결과를 받아보고는 입장을 180도 바꿉니다. 그 정도로 심각한 줄은 몰랐던 거예요. 당시 제도(보험료율 9%, 소득대체율 60%)를 유지할 경우 2047년이면 연금이 바닥난다는 전망이 나왔습니다. 2003년 10월 말, 결국 노무현 정부는 보험료율을 9%에서 15.9%로 올리고 소득대체율은 60%에서 50%로 낮추는 연금개혁안을 발표해요. '더 내고 덜 받는' 방향의 불가피함을 고려하더라도 혁신적인 안이었어요. 난리가 났지.

야당도 가만히 있지 않았겠네요?

그럼요. 노무현 정부의 개혁안이 발표되고 이듬해인 2004년, 한나라당도 태스크포스TF를 꾸려서 파격적인 안을 만들어요. 국민연금 소득대체율을 20%로 확 낮춰버리고 대신 보험료율도 7%로 낮춘다, 그리고 국민연금 평균소득 가입자의 소득대체율 20%에 해당하는 금액의 '기초연금'을 모든 노인에게 준다는 내용이었죠.

이 대목에서 현재 청년들은 의아할 수도 있겠네요. 그때만 해도 기초연금이란 게 없었습니다. 서구 대부분의 국가에선 다들 갖춘 제도였는데도 말이죠. 국민연금에 들지 못한 노인의 생계를 국고로 지원하는 역사가 20년밖에 안 된 거죠.

사실 국민연금만 보면 당시 한나라당 공약은 굉장히 포퓰리즘적이에요. 그때도 보험료율 인상에 저항이 심했는데요. '국민연금 8대 비밀' 같은 문건이 유행하면서 '안티 국민연금 운동'이 일어날 정도였죠. 한나라당은 이에 영합해 보험료율을 2% 낮추면서 소득대체율은 무려 40%를 깎는 방안을 낸 거죠. 어쨌든 국민연금의 수입-지출 균형은 이루어지니, 겉으로는 보험료 부담과 재정 불안을 동시에 해소하는 선택지로 보이기도 했습니다. 물론 냉정하게 검토하면 부정적 여론에 편승해 국민연금을 포기하는 방안이죠.

그런 한편으로 한나라당의 기초연금안이 굉장히 진보적이었던 것도 분명합니다. 모든 노인에게 30만 원에 육박하는, 현재 가치로는 60만 원 정도를 매달 지급하자는 제안이니까요. 2024년에 하위 70% 노인에게 월 33만 원가량을 주고 있는 것과 비교하면 대단한 액수와 규모죠.

어떻게 보수 정당이 먼저 보편적 기초연금을 주장할 수 있었을까요?

한국의 사회정책사에서 진영 논리로 설명되지 않는 의제가 바로 연금이에요. 아이러니하게도 보수 진영이, 재분배 성격이 강한 보편적 기초연금을 계속 얘기하거든요. 반면 상대적으로 진보적이라 할 민주당 계열에서 중상위 계층에 더 큰 혜택이 돌아가는 국민연금 소득대체율 인상을 매번 주장해왔습니다. 서구 복지국가들에서 국민연금과 같은 소득비례연금이 발전한 건 사실입니다. 하지만 노동시장 격차가 크고 보험료율이 낮은 한국에서 노후소득을 재분배하는 덴 기초연금이 훨씬 효과적이에요.

한나라당의 기초연금안에서 문제는 결국 재원이었어

요. 당장 필요한 돈이 9조5000억 원, 2030년엔 91조 원이 들어갈 정도로 어마어마한 재정이 드는데 어디서 이 돈을 가져오느냐는 거죠. 한나라당 연금TF가 들고 나온 방안은 부가가치세 인상이었습니다. 당연히 경영계 등에서 반발이 일었고, 이후로 한나라당은 기초연금을 강하게 주장하진 못해요. '재원 없는 기초연금'안을 낸 꼴이 됐으니까요. 단지 노무현 정부의 연금개혁안에 반대하기 위한 구실로 기초연금을 계속 내세웠죠.

이렇게 논의가 꽉 막히면서, 어떻게든 미래세대 부담을 줄여야 된다는 사명감이 강했던 노무현 대통령은 애가 탔죠. 그러다가 2006년 2월에 유시민 당시 열린우리당(지금의 더불어민주당) 의원을 보건복지부 장관으로 임명하면서 연금개혁에 다시 속도가 붙습니다. 노 대통령이 공개적으로 얘기했어요. '연금개혁이 당신의 미션'이라고.

바로 그 연금개혁을 이유로 유시민 장관은 2007년에 시민단체들로부터 '최악의 장관상'을 받기도 했어요.(웃음) 정치인으로서의 모습은 잘 몰라도 연금개혁 당시의 존재감을 기억하는 사람은 아직도 많은 듯해요.

그만큼 최전선에 있었어요. 유시민 장관이 새로운 안을 내면서 논의가 다시 굴러가기 시작했죠. 유 장관의 수정안은 기존 정부안과 비교해서 보험료율은 15.9%에서 13%로 낮추고, 소득대체율은 50%에서 40%로 낮추었어요. 보험료를 덜 올리고 소득대체율은 더 깎는 타협안입니다. 여기에 별도로 노인 하위 45%에게 월 8만 원(소득대체율 5%)의 기초연금(당시 명칭은 기초노령연금)을 주겠다고 했죠. 한나라당 기초연금안(노인 100%, 월 30만 원)보다는 규모가 작지만, 국민연금의 사각지대 해소라는 명분을 일정하게 수용하면서 협상 가능한 카드를 던진 거예요.

이렇게 두 당의 입장이 충돌했는데, 당시 캐스팅보트를 쥐고 있던 게 놀랍게도 민주노동당이었습니다.(웃음) 현재는 정의당, 진보당 등으로 쪼개져 있지만 17대 국회(2004~2008)에선 무려 10석을 보유한 진보정당이었죠. 특히 연금개혁 당시는 거대 양당 어느 쪽도 과반의석에 못 미치는 상황에서 10석 이상의 존재감을 가졌기에 가능한 일이었죠. 제가 민주노동당의 연금개혁 협상 실무책임자였어요.

민주노동당은 한나라당처럼 국민연금을 포기하는 게 아니라, 국민연금이 제 역할을 하면서 그 사각지대를 기초연금으로 보완하는 그림을 그렸어요. 그래서 국민연금 소득대체율 20%가 아닌 40%를 주장했죠. 보험료율은 9% 그대로 두고요. 대신 기초연금은 노인 80%에게 소득대체율 15% 규모로 하자고 제안했어요. 이렇게 민주노동당과 한나라당이 타협해서 야의 수정안을 만들고, 그걸 바탕으로 다시 한나라당이 정부여당과 조율한 결과가 지금의 연금 체계입니다. 돌이켜보면 가장 보수적인 정당과 가장 진보적인 정당이 손잡고 정부여당을 압박한 모양새였어요.(웃음)

아무튼 그렇게 해서 2007년에 65세 이상 노인 70%에게 주는 소득대체율 10%[*]의 기초노령연금법이 통과됩니다. 국민연금 소득대체율은 40%[**]로 하향하는 방안으로 타결되었고요. 정부 수정안과 비교하면 보험료율은 유지하는 대신 소득대체율을 더 낮춰서 국민연금 재정안정을 도모하는 한편, 정부여당과 한나라당의 입장을 절충해 국민연금에서 소외된 노인들을 위한 최소한의 기초연금 제도가 시작된 거예요.

[*]   2008년 5%로 시작해 2028년까지 10%로 단계적 인상.
[**]   2008년 50%로 내린 후 2028년까지 40%로 단계적 인하.

이처럼 오늘날의 국민연금 소득대체율 40%와 기초연금 도입은 진보정당인 민주노동당의 조정안에 바탕을 두고 있어요. 그 조정안은 당시 가입자단체들과 긴밀히 소통하며 마련된 것이고요. 그런데 연금개혁안이 국회를 통과한 이후 국민연금 소득대체율 인하만 부각되면서 양대 노총 등 가입자단체들의 비판이 시작됐어요.

노동조합과 시민단체들은 노무현 정부의 연금개혁이 '역대급 개악'이었다고 평가해요. 이렇게 폭력적으로 소득대체율을 깎은 전례는 없었다면서요.

국민연금의 보장성이 약해진 건 분명합니다. 그런데 기초연금 도입을 함께 보면 달라요. 국민연금 소득대체율을 20%p 내리고(60%→40%), 소득대체율 10%짜리 기초연금이 추가되었으니까 언뜻 마이너스라고 볼 수 있어요. 그런데 당시에 국민연금 평균 가입기간이 20년밖에 안 되는 걸로 전망했어요. 즉 국민연금 소득대체율을 20%p 내려도 그건 40년 가입일 때 얘기고, 실제 효과는 10%p 깎는 데 그친다는 거죠. 대신 기초연금에서 10%p가 보완되고요. 기초연금은 가입기간이 없으니 법정 소득대체율 10%를 그대로 연금으로 받을 수 있습니다. 따라서 평균소득 및

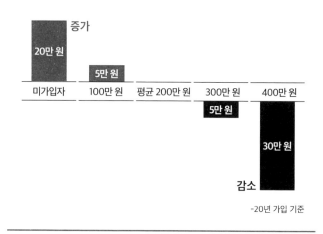

[그림7] 2007년 연금개혁 이후 소득계층별 연금액 변화

평균 가입기간의 가입자를 기준으로 보면 플러스 마이너스 제로예요. 물론 중상위계층은 국민연금에서 깎이는 금액이 좀 더 큽니다. 기초연금을 못 받는 상위 30%는 국민연금만 줄어드는 거고요. 반면에 중간 아래 소득자들은 국민연금에서 깎인 액수보다 기초연금 금액이 더 높아요. 아예 국민연금 울타리 바깥에 있는 노인들은 기초연금만 새로 받게 되었죠.

이렇게 보면, 당시 국민연금 단일체계에서 노동시장의 중심부–주변부와 연금 사각지대로 각각 나뉘어 있던 노인 계층에 '하후상박' 형태의 노후보장 변화가 일어난 겁니다. 상위계층의 연금은 줄고 하위계층은 늘었죠. 재정 안정을 꾀하면서도 그간 국민연금에서 중상위층이 더 큰 순혜택을 가져가는 '재분배의 왜곡'을 개선한 거죠. 굉장히 잘된 개혁으로 평가합니다. 2007년의 연금개혁 덕분에 기금고갈 시점을 2047년에서 2060년으로 미룰 수 있었어요. 또한 그때 만든 기초연금이 없었다면 오늘날 노인빈곤 문제는 훨씬 더 심각했겠죠.

저는 한국 현대사에서 노무현 정부의 연금개혁이 제대로 재평가받기를 바랍니다. 거기에 담긴 공적연금 재정의 지속가능성, 소득보장의 하후상박 원칙은 앞으로의 연금개혁에서도 사수해야 할 최대 가치이자 목표니까요.

2008~2024, 17년의 지리멸렬

17년이 지났네요. 그때만 해도 그게 마지막 개혁이 될 줄은 몰랐을 텐데요.

이명박 정부(2008~2013) 첫해에 2차 재정계산을 했는데, 1년 전인 2007년에 개혁을 했다는 이유로 그냥 넘어갔어요. 박근혜 정부(2013~2017) 첫해인 3차 재정계산 때는, '모든 노인에게 월 20만 원 기초연금 지급'이라는 대선 공약에 논의가 집중되면서 국민연금 개혁이 뒤로 밀렸고요.[*] 4차 재정계산은 문재인 정부(2017~2022) 2년차에 있었는데, 이때 2060년으로 전망되던 기금 소진 시점이 3년

---

[*]　다만 박근혜 정부는 2015년 공무원연금 개혁에서 성과를 냈다.

앞당겨졌음에도 불구하고 아무런 개혁이 진행되지 않았습니다.

2018년 11월, 박능후 당시 보건복지부 장관이 4개 안으로 구성된 국민연금 개혁안을 청와대에 들고 갔습니다. 기초연금을 인상하는 방안 하나를 제외하면 모두 보험료율을 올리는 내용이 포함돼 있었는데, 문재인 대통령이 "국민 눈높이에 맞지 않는다"라며 퇴짜를 놓았어요. 상징적 장면이었죠.

그 직후 국민연금 소득대체율 인상을 주장하는 김연명 중앙대 교수가 청와대 사회수석으로 임명됐어요. 그러고는 다음 달인 2018년 12월 복지부에서 '제4차 국민연금 종합운영계획'을 발표합니다. 역시 4개 안이었는데요. 월 30만 원인 기초연금을 그대로 유지하면서, 국민연금은 소득대체율을 45~50%로, 보험료율도 12~13%로 각각 올리는 방안에 무게를 두었죠.

기존 40% 보장 수준을 유지하는 데만 보험료율을 두 배로 인상해야 하는 상황에서 재정안정 효과를 기대하기 어려운 계획이었습니다. 대안의 유효성은 그렇다 치고, 정부가 그 방안을 구현하기 위해 노력한 것도 아니에요. 국회에 연금개혁안을 제출하고 보건복지위원회에서 한 차례 설명한 게 전부였죠. 이후 문재인 정부는 연금개혁 의지를 보인 적이 없습니다. 단지 경제사회노동위원회(노동자·사용자·정부 등이 참여하는 사회적 대화기구)에서 합의하라며 공을 넘겼을 뿐이죠.

그렇게 소득대체율 인상에 방점이 찍혔지만 정부의 단일안은 없는 상태에서 경사노위에 연금특위(2018년 10월 ~2019년 8월)가 꾸려졌어요. 여기서 한국노총 등은 보험료율 12%-소득대체율 45%를 지지합니다(이른바 '다수안'). 경총 등은 현행 유지를, 소상공인연합회는 보험료율 10%-소득대체율 40%를 지지했고요. 그런데 '다수안'이 나온 이후에도 문재인 정부는 아무런 조치를 취하지 않았습니다. 그리고 이듬해 코로나19가 닥치죠.

문재인 정부 사람들은 코로나19 여파로 연금개혁 동력을 상실했다고 항변하지만 코로나19가 본격화한 건 2020년입니다. 팩트는 그 이전 2~3년의 시간을 히비했냐는 거예요. 심지어 소득대체율 인상론자가 청와대 사회수석인데도 그 문제조차 제대로 추진하지 못했습니다. 요컨대 문재인 정부는 국민연금법에 따라 의무적으로 개혁안을 제출했을 뿐, 연금문제를 풀려는 의지는 없었다고 봐요.

그러는 사이 5년이 더 흘렀습니다. 윤석열 정부는 어떨까요? 대선 후보 때부터 수차례 연금개혁을 공언해 왔고, 취임 후에도 전임 정부의 연금정책 행보를 대놓고 비판하면서 개혁 의지를 드러낸 바 있는데요.

2023년 3월에 5차 재정계산이 발표됐어요. 연금개혁이 멈춰선 동안 기금고갈 시계는 2057년에서 2055년으로 더 앞당겨졌고요. 윤석열 정부에선 2022년 겨울부터 국회와 보건복지부가 투 트랙으로 연금개혁위원회를 구성해 개혁안 마련에 나섰지만 유의미한 성과를 내놓진 못하고 있습니다. 2023년 10월 보건복지부가 국회에 제출한 '제5차 국민연금 종합운영계획'에서도 정작 보험료율을 몇 퍼센트 올릴지가 포함되지 않았어요.

윤석열 대통령은 "사회적 합의 없이 결론적 숫자만 제시하는 것으로 마무리 지을 수 있는 문제가 아니다"라고 했는데, 연금개혁은 기본적으로 수치를 조정하는 일입니다. 정부는 자신의 안을 제시하고 그걸 중심으로 논의를 이끌어갈 책임이 있고요. 그러지 않고 처음부터 이해가 갈리는 주체들에게 합의하라고 떠밀면 논의가 겉돌기 쉽죠. 말로는 전임 정부를 비판하면서 행동은 전 정부를 그대로 답습하는 겁니다. 연금개혁 의지가 없다고 봐요.

다만 2024년 들어 국회에서 연금개혁 공론화위원회 작업이 추진되고 있습니다. 물론 선거가 있는 해다 보니 제대로 진행될지 걱정은 되죠. 그래도 이 문제를 제대로 공론화하는 건 의미가 크다고 봐요. 지치지 말고 계속 노력해봐야죠.

노무현 정부 연금개혁 이야기를 듣다 보면, 그때는 거대 양당만이 아니라 진보정당도 일정한 역할을 하면서 타협과 조정이 이뤄졌다는 게 인상 깊습니다. 결과에 대한 평가는 별론으로 하더라도, 그 시절엔 적어도 '정치가 작동했다'는 생각이 드는데요. 지금과 그때는 무엇이 다를까요?

맞아요. 2006~2007년 연금개혁이 굉장히 역동적이었죠. 그게 가능했던 이유는 세 가지예요. 민주노동당뿐 아니라 열린우리당과 한나라당이라는 두 정당이 확고한 자기 방안을 가지고 있었던 것. 그리고 보다 중요한 요인으로, 강력한 개혁의지를 갖춘 행정부의 존재. 마지막으로 실제로 전권을 가진 자들이 협상이 나섰다는 겁니다. 특히 유시민 장관이 연금개혁에 관해 모든 권한을 갖고서 협상에 임한 게 주효했어요. 보통은 국회에서 협상해도 장관한테 갔다가 다시 청와대한테 갔다가 하면서 말이 바뀌잖아요. 근데 이때는 복지부 협상팀이 결정하면 사실상 다 됐어요. 그만큼 복지부의 재량이 컸어요. 정부의 철학과 목표를 이해하는 사람에게 대통령이 믿고 맡겼다는 뜻이겠죠. 그래야 일이 되니까.

연금개혁을 흔히 '고양이 목에 방울 달기'라고 비유하죠. 표 떨어지는 일에 정치인이 나서겠느냐는 냉소도 많고요. 그렇지만 연금개혁이 어려운 게 단순히 정치공학 때문일까, 더 근본적인 이유는 없을까, 의구심이 들기도 합니다. 이번 연금개혁을 위해선 무엇이 바뀌어야 할까요?

무엇보다 사명감과 뚜렷한 정책 방안이 있어야 합니다. 그래야 앞으로 나서서 어젠다를 던지는 건데, 제가 보기에는 2007년 이후로 어느 정부도, 어느 정당도 연금개혁에 확고한 입장과 구상을 가지고 있지 않아요. 보수 정당은 재정안정이라는 기조는 있지만 정치적 부담 때문에 실행에 나서지 않고, 민주당 쪽은 국민연금 소득대체율 인상이라는, 가입자단체의 이해를 반영하지만 현실성이 희박한 안을 내세우고 있죠. 진보정당도 오랫동안 민주당과 대동

소이한 입장이었고요.

그런데 2022년 대선에서 정의당 심상정 후보가 그동안의 노선에서 벗어난 행보를 보였습니다. 국민연금 소득대체율은 40%로 그대로 두고 보험료율은 올리자는 공약을 발표한 거죠. 기존 입장을 완전히 바꾸면서 '세대 공존' 가치를 전면에 내걸었다고 볼 수 있습니다. 저도 여기에 참여했는데, 진통이 컸어요. 당내에서 기존 노선을 고수하는 분들의 비판과 저항이 따랐죠.

심상정 후보가 연금개혁 공약을 발표한 이후 민주노총, 한국노총, 참여연대 등이 주도하는 '공적연금강화국민행동'이 비판 성명을 발표했어요. "재정안정에 치우쳤다" "세대갈등 프레임을 강화하는 것이 아닌가"라는 내용이 담겼는데요. 반면 세대별 노동조합 청년유니온은 당시 심상정 후보 공약을 지지하는 논평을 냈어요. "기존의 입장에 비해서 훨씬 진일보했다"라고 평가했죠.

진보 진영에서 연금개혁을 둘러싼 노선 논쟁이 시작된 첫 대선이라고 의미를 부여하고 싶어요. 물론 제가 알기로 여전히 정의당 안에서 소득대체율 인상안을 주장하는 목소리가 작지 않습니다. 그렇지만 과거로 돌아가는 건 불가능해요. 2023년 4월, 청년유니온과 전국청년정책네트워크, (준)프리랜서협회, 유니온센터·일하는시민연구소, 내가만드는복지국가, 노후희망유니온 등이 참여하는 '미래세대·일하는시민의 연금유니온'이 출범했습니다. 주류 노동계, 시민단체가 주도하는 공적연금강화국민행동과 다른 목소리를 내겠다는 세력이 등장한 거죠.

안타까운 건 시민사회에선 이렇게 다양한 논쟁과 움직임이 일고 있는데도 정치권에선 이따금 면피용 발언만 던질 뿐, 유의미한 응답을 내놓지 않고 있어요. 요컨대 '연금정치'가 증발한 거죠. 그렇게 마지막 연금개혁 이후 17년이 흘렀습니다. 더는 시간이 없어요. 정부여당과 민주당 어느 쪽이든 연금개혁에 의지와 방향을 드러내야 해요.

'의지와 방향'을 시민들이 만들어줄 수는 없잖아요?

권력을 얻고자 하는 정치인은 공동체를 어떤 가치에 기초해 어떻게 운영하겠다는 밑그림, 즉 설계도를 갖고서 평가받아야 합니다. 그런데 그게 없어요. 단지 '우리보다 저쪽이 더 나쁜 놈들이다'라는 게 정체성의 전부니까. 슬픈 일이에요.

물론 전문가 집단의 책임도 큽니다. 적어도 전문가라면 국민연금 재정 실태에 관해서만큼은 있는 그대로의 사실을 가지고 토론해야 해요. 그렇게 해서 쟁점이 명확할수록 시민들이 사안을 분명히 인식할 수 있고, 합의안이 만들어질 가능성도 커지겠죠.

그런데 일부 전문가는 연금의 복잡성을 지렛대로 아전인수식 해석을 남발해왔습니다. 국민연금 논의 기구에는 항상 가입자단체의 추천권이 행사되는데요. 그렇게 위촉된 전문가와 가입자단체가 펴는 논리가 과연 '세대 간 계약'으로서 공적연금의 가치에 부합하는지 근본적인 의문이 드는 거죠. 이 분들은 말합니다. 미래세대는 충분히 부담을 감당할 수 있으며, 따라서 지금 소득대체율을 더 올려도 된다고요. 현세대야 받을 돈이 커지니 좋겠지만, 정작 미래에 그 돈을 마련해야 할 아이들은 무슨 죄일까요? 여기에 '괜찮다' '할 수 있다' '괜찮을 거다' 대책 없는 낙관만 설파하는 건 전문가의 역할도, 언어도 아니죠.

가입자단체가 추천한 전문가라면 가입자 입장을 대변하는 게 당연하지 않나요?

그런 걸 감안하더라도 최소한 논쟁은 사실관계에 입

각해서 해야죠. 그렇지 않으면 사회적 논의가 왜곡되고 심지어 차단됩니다. 그리고 연금문제에 목소리가 큰 가입자 단체들이 진정으로 가입자를 대표하는지도 따져볼 필요가 있어요.

예를 들어 사업장가입자를 대표하는 단체는 민주노총과 한국노총입니다. 그런데 해당 단체가 실제로 다양한 지위에서 일하고 있는 노동자들과 소통하고 있는지, 그들의 의견을 대변하고 있는지는 다른 문제예요. 국민연금에 가입한 노동자들은 양대 노총이 자신의 대표자로 여러 의사결정기구에 참여하고 있다는 사실을 알고 있을까요? 어떠한 요구를 제시하는지 안내받고 있을까요? 그렇지 않아요. 지역구 국회의원이 의회에서 나를 대표한다는 건 알지만, 민주노총이나 한국노총이 연금문제에서 어떤 입장을 펴고 있는지는 모를 거예요.

이렇듯 가입자단체 중심의 의사결정구조가 존재하지만, 그 단체들이 가입자를 대표하는 정치적 과정을 거치지 않는다는 점에서, 한국의 사회보험은 '가입자 민주주의'를 구현하지 못하고 있습니다. 건강보험도 마찬가지예요. 건강보험정책심의위원회라는 기구가 우리의 건강보험 료율을 결정하고 거기에도 양대 노총 등이 참여하는데, 이런 사실을 아는 시민은 드물죠. 그런데도 국회나 행정부는 가입자단체와의 합의를 '사회적 합의'라고 퉁치는 경향이 있어요.

이제는 가입자단체도 자성해야 합니다. 연금 가입자 안에서도 취약한 정도가 천차만별이고, 세대나 노동시장 지위에 따라 이해관계가 달라요. 따라서 예컨대, 양대 노총 정도면 조합원만이 아니라 전체 노동자를 대표할 책임이 있고, 미래세대 노동자의 입장도 헤아릴 줄 알아야 해요. 내 연금이 불안한 청년 가입자나 연금 밖으로 튕겨나가기 일보직전인 자영업자·프리랜서 등 지역가입자를 얼마나 대변하고 있는지 돌아볼 필요가 있어요.

가입자단체와 긴밀한 소통이 없더라도, 소득대체율을 깎는 게 못마땅한 건 인지상정 아닐까요? 대부분의 시민이 비슷한 마음일 것 같은데요. 연금도 일종의 계약인데 '나는 동의한 적이 없는데 정부가 개혁이랍시고 자꾸 보험료를 올리고 연금을 깎는다'는 불만도 나와요. 한국인의 노후가 불안한 만큼 보장성을 강화해야 한다는 게 가입자단체만의 주장도 아니고요.

지적하신 문제는 가입자단체의 대표성 결여와는 다

르다고 봅니다. 적어도 국회에서 여야가 합의했다면, 즉 시민을 대표하는 입법기관인 의원들의 타협안이라면 동의가 없었다고 보기 어려워요. 그게 대의민주주의의 근간이니까요. 다만 여야 협상이 타결될 때까지의 과정은 공개해야겠죠. 그게 언론의 역할이기도 하고요.

　　또한 연금개혁의 명분은 국민연금법에 명시돼 있어요. "(제3조 2항) 국가는 이 법에 따른 연금급여가 안정적·지속적으로 지급되도록 필요한 시책을 수립·시행하여야 한다." 여론이 부정적이라고 해서 연금재정에 필요한 조치를 취하지 않는 게 오히려 직무유기입니다. 막연한 불신보다는 성실한 감시와 참여가 더 중요하다고 봐요.

노후의
재구성

국민연금
10만 원
더 낼 수 있다?

37

찬성

63

반대

아이들과
청년을 위해,
국민연금 10만 원
더 낼 수 있다?

67

찬성

33

반대

공적연금 삼총사
: 노후를 위한
세 개의 지팡이

무슨 말씀인진 알겠는데, 솔직히 이미 늦은 것 아닐까요? 제도 개혁의 타이밍이 몇 번이나 있었지만 모두 놓쳤고요. 이제 보험료 오르고 연금 깎일 일만 남았다니 솔직히 암울해요. 역시 그냥 기금 정산하고 각자도생하면 안 될까요? (웃음)

국민연금 없는 삶을 한번 상상해보면 좋겠어요. 당장은 매달 내는 보험료를 아낄 수 있겠지만, 그 돈을 저축하기는 사실 쉽지 않아요. 이런저런 수단으로 자산을 꽤 불린다고 해도, 주식시장의 부침을 보면 그조차 만만한 일은 아니죠. 은퇴 뒤부터 죽을 때까지 부를 유지한다는 보장은 없어요. 수명이 늘고 있잖아요. 한 달에 33만 원가량의 기초연금만으로는 턱없이 부족해요.

그렇게 쓸모가 없다면 왜 국민연금을 받아본 노인들이 '효자'라고 표현할까요. 왜 세계 각국에서 이 제도를 어떻게든 유지하려 들까요. 평생 열심히 살아온 시민들이 노후에 빈곤에 빠질 위험에 공동으로 대비할 수 없다면, 그 사회는 공동체라고 부르기 어려워요.

취지는 이해하지만, 실제로 이룰 수 있을까요? 이젠 어쩔 수 없는 거 아닌가요? 요즘 국민연금에 대한 청년들의 생각이 아마 이럴 거예요. 주변에서 차라리 그 돈으로 주식에 투자하겠다거나, 내 아이는 국민연금에 가입시키고 싶지 않다는 말까지 들어본 적이 있어요.

그래요. 청년들이 '과연 국민연금에 미래가 있는가, 차라리 여기서 정리하고 각자 노후를 준비하자' 이런 생각까지 할 수 있어요. 공적연금의 가치를 몰라서가 아니라 미래에 돌려받지 못할 거라는 불안, 그리고 이 제도가 계층-세대별로 공평하게 작동하지 않는다는 불만 때문이죠. 모두 근거 있는 불안과 불만이에요. 그렇다면 여기서 출발해야 해요. 회피하지 말고 그 질문에 정공법으로 응답해야 합니다.

국민연금이 용돈 연금이라는 지적이 있지만, 근래 청년들이 진짜 문제로 느끼는 건 '얼마가 됐든 받을 수는 있을까'라고 봐요. 이에 대한 믿음을 줄 수 있는 연금개혁안이 나왔으면 좋겠어요.

그래서 손에 잡히는 연금개혁 청사진이 꼭 필요합니다. 사실 이게 정치의 역할인데, 오랫동안 설득력 있는 그림을 보여주지 못하면서 '국민연금은 끝났다'라는 불신을 준 듯해요.

연금학자로서 제가 그려본 한국인의 노후보장 설계는 이렇습니다. 무엇보다 국민연금, 기초연금, 퇴직연금, 이 '공적연금 삼총사'의 역할을 재설정하는 게 핵심이에요. 앞에서 조금 딱딱한 말로 소개한 '계층별 다층연금체계'도 그러한 목적을 지닌 제안이에요. 다시 한번 정리해볼게요.

우선, 공적연금의 목표는 노후소득보장입니다. 이를 위해서는 국민연금만 보려는 관성에서 벗어나야 합니다. 삼총사를 모두 활용해야 해요. 하위계층 노인은 기초연금과 소액의 국민연금으로, 중간계층 이상은 국민연금과 퇴직연금으로 노후를 준비하는 거예요.

기초연금은 하위계층 노인을 두텁게 지원하는 제도가 되어야 합니다. 하위계층 노인은 국민연금을 받더라도 금액이 크지 않을 테니 주로 기초연금에 의지할 수밖에 없죠. 따라서 국민연금에 가입하지 못했거나 가입기간이 짧은 사람, 소액의 국민연금을 받고 있는 현재 노인에게 주는 기초연금을 올려야 해요. 그 대신 미래 재정을 감안해서 지급 범위는 점차 줄이고요. 지금처럼 하위 70% 노인에게 똑같은 금액을 주는 게 아니라, 소득보장의 기준을 정해 그에 못 미치는 노인에게 더 많은 액수를 줘야 해요. 즉 현재의 70% 노인에게 똑같은 액수를 지급하는 방식(정액급여)에서, 더 가난한 노인에게 더 많이 주는 방식(누진급여)의 최저소득보장 연금으로 전환하는 겁니다.

목표 보장 수준을 기준 중위소득의 40%로 잡으면, 2024년 1인 가구 기준으로 89만 원이에요. 2024년 국민기초생활보장제도에서 제공하는 생계급여 금액이 기준 중위소득의 32%, 71만 원이에요. 만약 생계급여를 받는 노인이라면 여기서 18만 원을 더 받고, 사정이 조금 나은 차상위계층 노인들도 기초연금 33만 원보다 많은 금액을 받게 될 거예요. 충분치 않은 금액이지만 지금보다는 많이 개선되는 거죠. 덧붙이면, 노후 생계는 현금 지원만으로 완성될 수 없어요. 의료비 본인부담을 줄이고 무주택자의 경우 주거비 부담을 완화하는 정책이 함께 따라줘야합니다.

　　중간계층 이상은 국민연금과 퇴직연금으로 노후를 보낼 수 있어야 합니다. 개인이 받는 국민연금 수령액을 좌우하는 요소는 소득 수준, 명목 소득대체율, 가입기간입니다. 소득 수준은 은퇴 전 노동시장에서의 지위로 정해집니다. 명목 소득대체율은 보험료율과 연동되어 있어 올리기가 어렵죠. 국민연금 소득대체율 40%가 낮다고 비판받지만, 외국과 비교하면 낮은 수준은 아니에요. 현재 보험료율을 감안하면 더욱 그렇고요. 따라서 명목 소득대체율은 그대로 유지하는 게 바람직해요.

결국 가입기간이 관건이네요.

　　맞아요. 실제 연금액(실질 소득대체율)을 높이기 위해서는 가입기간을 늘려야 합니다. 앞서 소개한 여러 옵션을 정리하면, 우선 국민연금 보험료가 부담스러운 계층에게는 국가가 개입해 가입 단절을 막아야 해요. 특수고용직·프리랜서·플랫폼 노동자·영세 자영업자 등 지역가입자에게 보험료를 지원한다면, 실질 소득대체율을 올릴 수 있어요.

출산·실업·군복무 연금크레딧도 가입기간을 늘리는 데 도움이 되는 정책들이에요. 현재 둘째 자녀부터 제공하는 출산 크레딧(둘째 12개월, 셋째부터 18개월, 최대 50개월)을 첫째부터 2년씩 대폭 강화해야 해요. 프랑스는 자녀 1인당 2년, 독일은 3년이고 최대 한도도 없습니다. 세계 최악의 저출생 국가가 이 정도 지원을 못할 이유가 없죠.

실업 기간 중 국민연금 보험료의 78%를 지원하는 실업 크레딧은 생애 1년으로 제한돼 있어요. 현실은 취업과 실업을 반복하는 불안정 취업자가 너무 많습니다. 제한을 풀어야죠. 6개월만 인정하는 군복무 크레딧도 당연히 복무기간 전체로 확대해야 해요.

이외에도 초고령 사회를 맞아 돌봄의 역할이 강조되고 있습니다. 집이나 지역사회에서 돌봄에 전념하는 사람에게는 노인돌봄, 장애인돌봄 등 돌봄 크레딧을 제공해야 해요. 역시 유럽에선 이미 시행하고 있는 제도입니다. 연금 크레딧은 경제적으로 어려운 처지에 있거나 사회적으로 중요한 역할을 하는 사람들, 하지만 이로 인해 국민연금 가입이 힘든 사람들을 위한 지원입니다. 국민연금의 재분배, 연대 가치에 완전히 부합하는 제도죠. 국민연금에 국고 지원이 필요한 곳이 바로 여기입니다.

현재 60세 미만으로 한정된 의무가입연령도 65세로 올려야 합니다. OECD 소득대체율 통계에서 한국 국민연금이 과소평가되는 이유 중 하나가 낮은 의무가입연령입니다. 다른 나라는 대부분 65세가 넘어요. 스웨덴은 70세, 덴마크는 무려 74세입니다. 우리보다 10년 이상 긴 가입기간을 적용하니 소득대체율이 그만큼 높게 나오는 거예요. 이미 60대 전반의 고용률이 60%대로 전체 연령대 평균과 비슷한 상황입니다. 엄연히 소득활동을 하고 있는데 국민연금에서 소외될 이유가 없죠. 늘어나는 가입기간 5년은 소득대체율 5%p 인상과 같습니다. 그만큼 연금 수령액도 증가하겠죠.

아직까지는 대부분 일시금으로 수령하는 퇴직연금도 노후소득의 중요한 부분이 될 거예요. 노동자가 직장을 그만두면 퇴직연금이 '개인형 퇴직연금IRA' 계좌로 전환됩니다. 이 계좌를 그대로 유지할 수도 있지만, 대개는 해지해서 전액 수령하는 쪽을 택하죠. 따라서 예외적 경우가 아니면 중간 해지를 규제해서 퇴직연금이 실질적인 노후보장 수단이 되도록 해야 해요. 예를 들어, 월 300만 원을 받는 임금소득자라면 회사에서 매달 소득의 8.33%인 25만원을 퇴직연금으로 적립해주니까, 은퇴 뒤 월 30만 원 이상 받을 수 있습니다(25년 가입 기준). 나아가 퇴직연금의 안정적 운용을 위해 국민연금공단에 위탁하거나 별도의 퇴직연금공단을 만들 수도 있어요. 현재 민간보험사들보다는 운용수익이 좋을 겁니다.

이러면 계층별로 적정한 노후보장이 가능하다고 봐요. [표3]에 나오듯이, 저소득 노인은 기초연금과 일부 국민연금을 합해 정부가 정한 기준 중위소득의 40%(최저보장소득)를 보장하면 좋겠어요. 2024년 기준 1인 89만 원입니다. 물론 충분하지 않은 금액이지만, 여기에 주거급여를 실질적으로 지원하고 의료비 보장성을 강화해야겠죠. 지역사회에서 요양돌봄체제도 내실화하고요.

평균소득(2024년 국민연금 가입자 평균소득 299만 원) 이상을 버는 사람은 국민연금과 퇴직연금으로 노후를 보장할 수 있어요. 이들은 상대적으로 노동시장에서 안정적인 지위에 있고, 의무가입연령까지 상향되면 국민연금 가입기간 역시 늘어날 수 있어요. 현재 예상되는 평균 가입기간이 약 28년인데요. 서구의 공적연금 평균 가입기간이 30년을 크게 상회합니다. 제도개혁이 뒷받침되면 우리도 30년은 충분히 넘길 수 있어요.

퇴직연금도 중간 해지를 막으면 25년 이상은 적립할

[표3] 계층별 노후소득보장 목표액

소득	보장 목표	보장 수준	
		보장액	**가정**
저소득자	기준 중위소득의 40%	1인당 89만 원	기초연금+ 소액의 국민연금
평균 소득자 (300만 원)	실질 소득대체율 약40%	121만 원 (국민 90만 원+퇴직 31만 원)	국민연금 30년+ 퇴직연금 25년 가입
2배 소득자 (600만 원)	실질 소득대체율 약40%	233만 원 (국민 158만 원+퇴직 75만 원)	국민연금 35년+ 퇴직연금 30년 가입

조건: 제도개혁 동반 (크레딧 강화, 보험료 지원, 의무가입기간 상향, 퇴직연금 1년 미만 적용 등)
(2024년 기준액, 2028년 신규 가입자 대상)

수 있을 거예요. 그러면 국민연금과 퇴직연금을 합해 2024 년 평균소득자 기준 월 121만 원가량의 노후소득이 보장 됩니다. 이 금액 역시 충분하진 않겠지만, 중상위계층은 대개 저축이나 투자를 통해 노후 준비를 하고 있기도 하니 까요.

연금개혁,
어떻게
설득할까?

그럴 듯해 보입니다만, 우리가 지금껏 이야기해왔듯 연금개혁의 핵심 과제는 재정적 지속가능성 아닌가요? 말씀하신 청사진에 들어갈 재원을 후세대가 감당할 수 있나요? 현세대와 비교했을 때 공평한 부담인지도 궁금합니다.

맞아요. 이 청사진의 전제는 재정적으로도 지속가능하고 세대 간 부담도 공평한 보험료율입니다. 현재 국민연금 재정계산위원회에서는 청년들이 국민연금에 가입해 사망할 때까지, 즉 대략 20세에서 90세까지 70년간 기금이 남아 있는 걸 재정목표로 잡습니다. 예컨대 앞으로 70년 후인 2094년에도 국민연금 지급을 위한 1년치 재정을 확보하는 것을 '2094년 적립배율 1배' 목표라고 표현하죠. 저는 이런 방식으로 청년들에게 지급가능성을 확보해 제시하는 건 좋다고 봐요. 그런데 그 목표를 달성하려면 앞으로 10~20년 기간에 현재 보험료율을 20% 수준까지 올려야 된다는 게 재정계산위의 분석입니다

또 현재 국민연금 가입자가 명목 소득대체율 40%의 연금을 받기 위해 내야 하는 균형 보험료율 역시 약 20% 입니다. 현재 가입자는 9%만 내니 11%p가 미래세대 부담으로 넘어가고 있는 거죠. 두 지표를 종합하면, 현세대가 20%의 보험료율을 책임져야 한다는 결론에 도달해요.

그 책임을 이대로 방치하면, 기금 소진 이후에는 미래세대가 부담할 부과식 보험료율이 30%대예요. 이건 감당할 수도 없거니와, 애초에 자기 몫 이상의 책임을 지라는 요구이니 납득할 수도 없을 겁니다. 그래서 국민연금은 5년 주기로 재정계산과 재정안정화 작업을 통해 기금 소진을 예방해야 합니다. 세대별 보험료율이 20%가 넘지 않도록 관리하기 위해서죠.

과연 그게 가능할까요? 지금보다 두 배 이상 더 내야 한다는 건데, 청년들이 오히려 국민연금에서 도망가

버릴 것 같아요.

그런 우려가 당연히 들겠죠. 그래서 정교한 설계가 필요해요. 국민연금 재정 불안은 제도 내부의 수입-지출 불균형과 바깥의 인구구조에서 비롯됩니다. 따라서 설계 역시 제도 안팎으로 이뤄져야 합니다.

우선 제도 안에서, 저는 단계적으로 가입자들이 보험료율 15%까지는 책임지는 연금개혁에 합의하길 바랍니다. 나머지 5%는 수급개시연령을 높이고, 더 많이 쌓인 적립금을 잘 운용해서 채워가야죠. 그렇게까지 했는데도 부족한 돈은 국가재정으로 보완하면 되고요.

제도 밖에서는, 저출생-고령화가 이대로 진행된다면 가입자와 수급자의 균형이 무너지는 특정 시기 특정 세대의 노년부양 부담이 크게 가중될 겁니다. 따라서 인구구조의 개선에도 힘을 쏟아야 해요. 물론 정부마다 여러 방안을 시행해오고 있어요. 윤석열 정부 들어서는 0세 아이의 부모에게 월 100만 원, 1세부터는 70만 원을 줍니다. 신혼부부에겐 따로 주택분양 혜택도 제공하구요. 그런데도 합계출산율이 계속 추락하는 건, 결국 한국사회 미래가 불안정하기 때문이에요. 2세를 가질 생각을 아예 못하는 겁니다.

따라서 저출생 문제는 쉽게 개선되기 어려울 거에요.

또 당장의 합계출산율 변화가 국민연금 재정에 미치는 효과도 그리 크지 않아요. 올해 태어난 아이가 국민연금 보험료를 내려면 20~30년은 흘러야 하니까요. 다시 이야기하겠지만 그보다는 노인의 재정의, 즉 의무가입연령 상향과 합당한 노인 일자리 창출을 통해서 현 인구구조 안에서 가입자 비율을 키우는 게 재정 개선에 도움이 될 겁니다. 물론 저출생 문제는 공동체의 존속과 직결된 위기입니다. 2세를 키워도 좋겠다는 희망을 품을 수 있는 미래 비전을 만들고 하나하나 실현하면서 인내를 갖고 변화를 기대해봐야죠.

보험료율 목표를 15%로 조금 낮춰 잡긴 했습니다만, 가입자 입장에서는 여전히 부담으로 다가올 거예요. 정말 사회적 합의를 이룰 수 있을까요? 합의란 결국 주고받기인데, 소득대체율을 올리지 않는 보험료율 인상이 정치적으로 가능할까요? 특히 저소득층의 동의를 얻을 수 있을까요?

보험료율 인상을 미룰 수 없다는 데는 적어도 전문가들 사이에선 공감대가 있어요. 말씀드렸듯 1차 베이비부머 세대(1955~1963년생)의 막내인 1963년생들이 국민연금

보험료 납부를 졸업했습니다. 몇 년 뒤 수급자로 전환되는 일만 남은 거죠. 1차 골든타임을 놓쳤습니다. 더 늦기 전에 보험료율을 올리긴 해야 하는데, 소득대체율 인상을 주장하는 분들은 이렇게 말해요. '보험료를 올리려면 반대급부를 제공해야 하는 것 아니냐, 그러니 소득대체율을 단 몇 퍼센트라도 함께 인상해야 한다.' 이걸 정말로 보험료를 올리기 위한 충심이라고 말하는 분도 있어요.

물론 그게 협상하기 쉬운 길이긴 합니다만, 여기서 소득대체율을 같이 올려버리면 당장은 좋아도 지속가능성 측면에서는 또 마이너스가 생기잖아요. 오래잖아 또 지속가능성 문제가 불거질 텐데, 그때 가서는 무슨 명분으로 보험료율 인상을 꺼낼 수 있을까요?

정공법으로 가야 합니다. 인센티브를 주는 방식은 오래 가지 못해요. 국민연금 재정이 불안하다는 걸 어차피 금세 알게 될 테니까요. 오히려 내 자식, 내 손주들과의 공존을 위해서 우리가 보험료를 더 내야 한다고 호소하는 편이 가능성이 높다고 봐요. 소득대체율 인상론자들이 '반대급부의 보상'을 강조한다면, 이쪽은 '세대공존의 가치'로 설득하는 거죠.

《동아일보》가 2022년 9월 서울 서대문구 신촌 현대

백화점 정문 앞에서 국민연금 관련 즉석 설문조사를 했습니다. '10만 원 더 내자'는 팻말을 내걸자 100명 중 63명이 반대했어요. 닷새 뒤 같은 자리에서 같은 팻말에 '아이들과 청년 위해'라는 여덟 글자를 덧붙였어요. 반응이 어땠을까요? 67명이 찬성했습니다. 다수가 바뀐 거죠. 어떤 가치로 설득하느냐에 따라 시민들이 '소득대체율 인상 없는 보험료율 인상'에 반대하지 않을 수도 있어요. 오히려 준비하지 않은 채 주저하는 건 정치일지도 몰라요.

어떤 가치를 지향하는 것과 그에 따른 변화를 현실에서 감당하는 것은 다른 차원의 문제 아닐까요. 연금개혁에 동의하지만 보험료를 더 낼 형편이 도저히 못 되는 사람도 많아요. 안 그래도 물가도 오르고 경기도 좋지 않은데, 이런 사람들에게도 더 내라고 할 수 있을까요?

목표 보험료율 15%를 10년간 올린다고 치면 연 0.6%p, 20년간이라면 0.3%p예요. 사업장가입자는 1년에 0.3%p 혹은 0.15%p씩만 더 부담하면 되니 동의가 어렵지 않다고 봅니다. 문제는 그조차 부담스러운 계층, 특히 도시 지역가입자예요. 여기에 국고가 투입돼야 합니다. 농어민의 보험료 절반가량을 정부가 부담하듯, 영세 자영업자·프리랜서·플랫폼 노동자 등 도시 지역가입자들도 정부가 뒷받침해줘야죠. 장기적으로는 도시 지역가입자 보험료의 절반을 지원해야 하겠지만, 당장은 보험료율 인상분의 절반을 정부가 부담하는 데까지는 공론화해볼 수 있을 거예요. 그래야 국가, 기업, 사업장가입자, 지역가입자가 모두 현세대의 일원으로서 책임을 나누는 '사회적 연대'가 가능하고요.

기초연금 재정은 어떤가요? 한국 최대 인구집단인 베이비부머가 노인인구로 진입 중이에요. 아무리 정부가 세금으로 책임지는 제도라지만, 이러면 기초연금 재정도 안심할 수 없는 것 아닌가요?

2023년 기초연금에 드는 돈은 약 22조 원으로 GDP의 1% 정도예요. 국민연금 가입자 평균소득 증가율에 연동해 기초연금도 인상한다고 보면, 2050년에 GDP의 2.5%, 2070년에는 3%로 오를 겁니다. 저는 기초연금이 그해의 젊은 세대가 낸 세금으로 그해의 노인을 부양하는 아름다운 사회연대 제도로 평가해요. 따라서 그 정도의 재정은 그해의 젊은 세대가 책임지는 사회 원칙으로 자리잡길 바랍니다. 그 청년들도 차례차례 노인이 될 테니까요.

그 대신 누차 이야기했듯, 하위 70%라는 지급 대상은 애매해요. 대상을 중간계층 이하로 좁히면서 누진성을 강화하자고 제안한 것은 그 방식이 최저소득보장에도 재정 안정에도 유리하기 때문이에요.

퇴직연금의 미래 재정은 어떤가요? 미리 적립해둔 보험료에 상응해서 연금액이 결정되니 국민연금처럼 재정이 불안할 거라는 염려는 덜합니다만.

그렇습니다. 미래에 받을 연금액을 정해놓는 확정급여형DB이든, 보험료와 연동해 급여가 계산되는 확정기여형DC이든, 퇴직연금은 수입-지출 균형에 충실한 제도예요. 퇴직연금을 운용하는 민간 금융사에서 거둔 것보다 더 주는 상품으로 설계되지는 않겠죠. 그래서 퇴직연금은 재정 문제에선 자유롭다고 봐도 좋아요. 다만 노후에 쓸 연금으로 확실히 자리매김하도록 제도를 다듬는 게 과제죠.

길게 이야기했는데, 공적연금 삼총사의 재정 해법을 간추리면 이렇습니다. 국민연금은 제도 내부에서 가입자들이 균형 보험료율을 책임지고, 제도 바깥에서 인구구조 개선에 힘쓰면 지속가능한 재정을 달성할 수 있습니다.

그렇지만 재정 안정은 한 번 달성했다고 끝난 게 아닙니다. 국민연금이 존속되는 한 예상 밖의 인구·경제 변수가 언제든 지속가능성을 위협할 수 있어요. 그때마다 재조정이 요구되겠죠. 필요 이상의 갈등과 실기失期를 피하기 위해 자동안정화 장치를 고려해봄직합니다. 결국 지속가능한 재정을 위한 '연속개혁'입니다. 조세에 기반한 기초연금은 '세대 간 연대'라는 원칙에 따라 해당 시점의 국가재정이 책임지되, 초고령화사회에 맞춰 지급 범위를 좁혀야 합니다. 퇴직연금은 완전 적립식 연금이니 제도 내부에서 재정균형을 추구하고요.

이는 우리 모두의 노후를 위한 사회적 주체들의 역할 분담을 의미해요. 가입자는 자기 몫의 보험료율 책임을, 기업은 사업장가입자 부담의 절반을, 국가는 기초연금과 국민연금에서 소외된 약자 지원에 필요한 재정을 담당합니다. 우리가 그리는 한국인의 노후는, 연금제도의 청사진은 이렇듯 계층별 노후소득보장, 재정적 지속가능성, 사회적 책임 분담의 세 기둥이 떠받치는 사회적 조정안일 거예요. 대한민국은 사회적 대화와 타협의 경험이 부족한 편인데요. 연금개혁이라는 시대적 과제를 통해 '새로운 사회계약'의 선례를 만들어보면 좋겠습니다.

결국 재정이 들겠네요. 국민연금의 가입기간 확보를 위해서도, 약자 배려를 위해서도요. 기초연금을 하위 계층에게 두텁게 주려고 해도 지금보다는 돈이 많이 드니 증세가 필요할 테고요.

증세, 해야죠. 조세부담률이라는 지표가 있어요. GDP 대비 조세 총액(사회보험료 제외)의 크기로, 시민들의 세금 부담 정도를 보여줍니다. 2022년 한국 조세부담률은 23.8%예요. 과거에는 조세부담이 굉장히 낮은 축에 들었는데 세수가 늘면서 OECD 회원국 평균(25%, 2021년 기준)에 근접하고 있습니다. 과세행정이 탄탄해진 것도 한몫하고요. 한편 사회보험료까지 포함한 세금 부담 정도를 보여주는 국민부담률도 있습니다. 2022년 한국의 국민부담률은 32%로, 건강보험료가 꾸준히 오르면서 OECD 평균(34.2% 2021년 기준)에 다가섰습니다.

사실 한국의 세수 증가는 놀라울 정도예요. 무상급식 논란으로 한국 복지정책의 전환이 일어났던 2010년만 해도 조세부담률이 17.2% 대 22.9%, 국민부담률은 22.4% 대 31.6%로 OECD 평균과 격차가 컸습니다. 지난 10여 년간 꾸준한 증세와 사회보험료 인상을 통해 문재인 정부 마지막 해에는 OECD 평균에 근접한 거죠.

그런데 윤석열 정부 들어와서 거꾸로 가고 있어요. 이 정부가 발표한 중기 국가재정운용계획을 보면 조세부담률은 2027년 21.7%, 국민부담률은 29.3%로 하락해요. 법인세, 보유세, 소득세 등 주요 세목에서 시행된 감세의 결과입니다. OECD 평균치의 세금 부담도 시기상조라고 보는 걸까요? 한국은 10대 경제대국입니다. 언제까지 OECD 38개국의 평균을 각종 지표나 정책의 과녁으로 삼아야 할까요. 서구 선진국과 견줘야 합니다. 덴마크(국민부담률 47%), 프랑스(45%), 스웨덴(43%)이 목표가 돼야죠. 거꾸로 내려갈 때가 아니에요.

세금을 올린다면 법인세나 부자들의 재산세부터 올려야 하지 않을까요?

윤석열 정부가 실행한 '법인세 감세'의 효과로 2024~2027년 4년간 연 6~7조 원의 법인세 수입이 줄어들 예정이에요. 그런데 지금처럼 미중 무역갈등으로 불확실성이 높아진 상황에서, 법인세를 줄여준다고 기업들이 투자를 늘릴까요? 저는 회의적입니다. 되돌려야 한다고 봐요.

하지만 대기업과 부자에게만 걷어서 될 일은 아닙니다. 2020년 기준 근로소득자의 37.2%가 세금을 한 푼도 내지 않았어요. 물론 본인들은 꼬박꼬박 세금을 냈겠지만 나중에 공제·감면을 받은 겁니다. 통념과 달리 한국은 GDP 대비 법인세·재산세 비중은 높고 소득세 비중은 낮아요. 정확히는 최고소득세율은 높은데, 공제·감면 항목이 많아서 실효세율이 낮습니다. 부가가치세율 10%도 OECD 평균(19.2%)이나 북유럽(24~25%)에 비해 크게 낮죠.

국채 발행, 즉 나랏빚을 내서 쓸 수도 있겠지만 지속적으로 필요한 복지 지출이라면 증세를 하는 게 바람직합니다. 법인세 감세를 되돌리고, 소득세의 각종 공제를 축소해서 평범한 사람들도 더 세금을 내게 해야 해요. 그래도 소득세는 누진체계여서 인상하면 고소득자일수록 과세액이 커집니다. 이를 통해 국가재정을 키우면서 동시에 소득수준에 따른 책임을 강화하는 거예요.

부가가치세율도 점진적으로 높여가야 합니다. 같은 세율이라도 고소득자의 소비액이 커서 납부하는 절대액도 훨씬 큽니다. 이 재원을 복지에 사용한다면 부가가치세도 재분배에 기여할 수 있는 거죠. 북유럽 복지국가들이 부가가치세율을 높게 유지하는 까닭입니다.

북유럽은 납세의 결실이 결국 내게 돌아온다는 사회

적 신뢰가 높습니다. 반면 '세금도둑' '세금폭탄'이란 말이 상투어가 된 나라가 한국이죠. 애초에 내가 낸 세금이 적재적소에 쓰인다는 믿음이 없으니 조세저항이 심할 수밖에 없는 것 같아요.

일본 민주당 정부가 2012년에 소비세율 5%를 10%까지 단계적으로 인상하는 방안을 추진하면서 '사회보장·조세 일체 개혁'을 내세웠어요. 소비세 인상분 5%p를 보육 지원, 장기요양 강화, 기초연금 국고 지원 등에 사용하겠다고 밝힌 거죠. 이른바 '복지 목적세'예요. 우리도 연금 보험료 지원에 얼마, 보건의료에 얼마, 이런 식으로 '이 세금은 어디어디에 쓰겠다'고 꼬리표를 달아서 세금을 걷는다면 그런 불신은 어느 정도 눅일 수 있을 겁니다. 제가 속한 '내가만드는복지국가'만 해도 2012년 출범 때부터 사회복지세, 즉 복지에만 쓰는 세금 도입을 핵심 정책으로 추진하고 있어요.

2022년에 '국민의힘은 초부자감세를 하지만 더불어민주당은 국민감세를 하겠다'는 내용의 현수막이 내걸렸습니다. 두 거대 정당이 서로 감세하겠다고 경쟁하는 모습이 씁쓸했어요. 시민 개개인의 삶에 유의미한 사회안전망을 만들려면 이제는 증세를 이야기해야 합니다. 누구보다 대통령이나 정부가, 어떤 정책에 어느 정도 추가 비용이 필요한지 정교하게 엮어서 지속가능한 국가재정 지출 운용계획에 대한 그랜드 플랜을 내야 합니다.

보험료 인상이나 증세 모두 개개인이 사회에 기여하는 몫을 늘려가야 한다는 의미잖아요. 그런데 2022년 전체 인구의 18%이던 65세 이상 인구가 2070년에는 46.4%에 이를 거라고 해요. 사실상 성인 한 명이 노인 한 명을 일대일로 부양해야 하는데, 이런 사회가 애초에 지속가능하기는 할까요?

지속가능하기 어렵죠. 저는 좀 다른 질문을 던져보고 싶어요. 과연 65세가 넘으면 모두 노인이어야 하는가? 65세라는 기준은 1950년 유엔이 '고령 지표'를 만들며 정한 데서 유래합니다. 그런데 한국의 경우 1970년 62.3세에 불과하던 기대수명(0세의 기대여명)이 2020년 83.5세로 늘었습니다. 2060년에는 90세가 넘을 전망이고요. 65세가 된 뒤에도 20~30년을 더 생존한다면, 더 이상 노후를 '생애를 마무리하는 단계'로만 규정하기는 힘들어요. 2020년 노인실태조사에서 응답자의 74.1%가 노인의 연령 기준을 "70세 이상으로 생각한다"라고 답했습니다. 65세가 넘어도 일할 의지와 능력을 가진 노인이 적지 않아요. '기여의 확대'와 더불어, 나이가 많아도 사회적으로 역할을 맡으며 일정한 소득도 얻도록 하는 '노후의 재구성'이 고령화 시대 사회정책의 핵심이 되어야 해요.

기업에서 고령자를 고용하려 할지가 문제인 것 같아요. 고령자가 기업이 요구하는 숙련을 가지고 있고 그에 걸맞은 임금에 고용할 수 있다면 좋을 텐데, 현재는 고령자에게 어떤 일을 시켜야 할지 직무를 부여하기도 어려울뿐더러, 해당 직무에 대한 임금 기준이 없다는 게 문제죠.

사실 정년에 가깝다고 해서 갑자기 월급을 수십 퍼센트씩 깎는 '임금피크제'도 바람직한 건 아니잖아요. 임금피크제가 경우에 따라선 부당한 연령 차별이라는 판례도 등장하기 시작했고요. 그런 폭력적 임금 삭감이 없이 더 오래 일하는 사회를 만들려면, 근본적으로 임금의 수준이 노동자가 제공하는 숙련에 상응하는 시스템을 만들어가야 하겠죠. 그렇게 해야만 법정정년 연장도 가능하고요. 어떤 식으로든 지금의 호봉제를 개편해야 한다는 이야기가 나오는 이유도 바

로 그거예요.

그것도 고양이 목에 방울 달기죠.(웃음) 일자리 숫자가 부족하다면 나눠야죠. 노동시간 단축을 통해서요. 2021년 한국의 평균노동시간은 연 1915시간입니다. OECD 평균보다 200시간을 더 일하고, 회원국 중 멕시코·코스타리카·칠레 다음으로 오래 일하고 있죠. 이럴 게 아니라, 일할 의지와 능력이 있는 고령자에게 일감을 나누어주고, 일한 만큼 보상해줘야 합니다.

젊어서 노동시장에서 '경쟁'하는 '경성 일자리'에 종사했다면, 노후에는 지역사회에서 '협동'하는 '연성 일자리'에 참여할 수도 있어요. 요양·간병 등 돌봄 활동을 하거나, 기후위기 시대에 맞춰 주택과 시설을 정비하고 일정한 수당을 받는 거죠. 인생 후반기에 사회적 역할과 소득보장을 동시에 얻는 새로운 노후를 구성하는 겁니다. 노인 일자리 방식을 혁신하고, 여력이 있는 기업부터 노동시간을 단축해서 일자리를 나누고, 중앙정부와 지방정부가 재정을 투입해야 해요. '노후의 재구성'입니다. 후세대의 부담을 무겁게 하는 두 가지 거대한 변화가 고령화와 기후위기라고 봅니다. 전 인류적 의제이기도 하고요. 두 흐름에 잘 대비해서 그 부담을 얼마나 줄여나갈 수 있느냐에 우리의 미래가 달렸다고 해도 과언이 아닙니다.

2070년이면 대한민국은 '세계에서 가장 늙은' 나라가 됩니다. 성인 한 명이 노인 한 명을 부양해야 하는 시대. 그때가 되면 저는 82세, 박사님은 106세예요. 우리에게 남은 시간동안 해낼 수 있을까요?

그때도 제가 이 세상에 있을까요(웃음). 그리고 보니 시간이 많지 않네요. 저는 한국사회에 상호신뢰, 사회연대가 부족하다고 봐요. 정치적 이슈에선 강하게 집결하지만, 사회정책 의제를 공적으로 풀어가는 경험은 일천합니다. 이제부터 만들어야죠. 시민들이 '어, 우리도 할 수 있네?'를 체험할 수 있는 역사적 사례를요. 그러면 '우리가 그 일도 해냈는데, 얼마든지 할 수 있어'라는 자신감, 이웃에 대한 믿음이 생기면서 공동체의 가치도 가슴에 품을 수 있어요. 사회연대로 재사회화되는 거죠.

연금개혁이 그 사례가 되기를 바랍니다. 우리가 직면한 핵심 의제이니까요. 청년들이 국민연금의 고갈, 지급불가능을 떠올리는 게 현실이에요. 그렇다면 미래 지속가능성과 보장성을 구현하는 중장기 플랜을 마련하고 청년들과 공유해야 해요. 아, 이러면 되겠다 판단이 들면, 저는 청

년들도 개혁에 동참하리라 봅니다. 우리가 제안하는 공적
연금 삼총사, 계층별 다층연금체계가 그러한 의미를 갖기
를 바랍니다.

연금정치에서
진보란
무엇인가

연금개혁의 추억

공부를 마치고 2001년 민주노총 정책실에서 일을 시작했을 때, 내가 맡은 분야는 공공부문과 사회복지였다. 당시 민주노총은 전력·철도 등 공기업 민영화 반대에 힘을 쏟고 있었고, 사회보험 관련 정부위원회에는 노동계 대표로 참여하고 있었다. 그래서 인연을 맺게 된 게 국민연금이다. 2003년 국민연금법에 따른 제1차 국민연금 재정계산을 앞두고 정부는 1년 전부터 위원회를 꾸려 작업을 시작했다. 당시 국민연금기금이 2047년에 소진된다는 소식이 알려지면서 연금개혁 논의가 무척 뜨거웠다. 2002년 대선 토론에서, 이회창 후보는 국민연금 소득대체율을 깎을 수밖에 없다고 말했고, 노무현 후보는 '그러면 용돈 연금이 돼버린다'며 강하게 반박했다. 한데 노무현은 대통령 취임 직후에 받아든 재정계산 결과를 보고 생각과 입장을 바꾼다. "우리 자녀세대들에게 엄청난 부담으로 남을" 제도를 손봐야 한다면서 '더 내고 덜 받는' 국민연금 개정안을 발표한 것이다.

노동자의 노후소득보장을 중시하는 노동계는 노무현 정부의 연금개혁안을 수용할 수 없었다. 민주노총은 국민연금 개악저지 투쟁에 나섰고, 나는 이를 뒷받침하는 정책보고서를 열심히 작성했다. 사실 1차 재정계산 결과를 전면 부정할 수는 없었기에 반론을 만들기가 만만하지는 않았다. 아직 70년 장기 재정계산 방법론을 신뢰하기 어려우니 우선 사각지대 개선, 출생률 상향, 저소득 가입자 보험료 지원 등 제도를 정비한 후 5년 후 다시 재정계산하자고 제안했다. 결과적으로 당시 소득대체율 60%, 보험료율 9%는 그대로 유지하자는 주장이다.

2004년, 민주노동당이 17대 국회에 입성하면서 나는 당으로 자리를 옮겼고, 연금개혁 논의도 국회를 중심으로 진행되었다. 10개의 의석으로 캐스팅보트를 지녔던 민주노동당은 연금개혁 공방에 적극 참여했고, 당에서 교섭 실무를 책임진 나는 현재의 국민연금 소득대체율 40%, 보험료율 9% 방안을 만드는 데 일조했다. 지금 민주노총·참여연대 등이 국민연금을 훼손했다고 비판하는 '연금 개악'에 참여한 셈이고, 이후 나는 계속 이 방향으로 목소리를 내고 있다.

연금 제도의 재인식

진보 진영의 노동·시민단체에서는 나를 '재정안정론자'로 부른다. 공적연금의 본령인 보장성을 소홀히 한다는 비판이 담긴 호명이다. 재정안정과 보장성은 공적연금이 동시에 달성해야 할 두 목표인데, 어째서 우리나라 연금개혁에서는 양자택일 구도가 형성될까? 개혁의 강조점이야 다를 수 있지만, 우리의 연금정치 지형은 지나치게 대립적이다.

이 갈라치기의 발원지가 내가 속한 진보 진영이라는 점에서 마음이 더욱 무겁다. 사회의 부정의를 직시하려는 진보에게 비판의식은 소중한 덕목이지만, 연금개혁에서 등장하는 '비판' 논리는 오히려 진보가 거꾸로 가고 있다는 우려를 들게 한다. 여러 논의를 거듭 접할수록 초고령사회의 핵심 제도인 공적연금을 바라보는 인식의 협소함, 어느새 익숙해져버린 연금급여에서의 기득권을 보기 때문이다. 여기서 '협소함'은 연금개혁에서 보장성을 국민연금에 한정해 보는 시야, 오로지 소득대체율 인상에 승부를 거는 집착을 말한다. '기득권'은 사회연대를 말하지만 실제는 노동시장 중심부 집단의 이해에 갇히고, 현세대의 책임을 회피하는 행위를 의미한다.

2003년 민주노총 정책보고서를 작성하고, 2007년 국회에서 연금개혁을 성사시키는 기간에 나는 어떤 변화를 겪었는가? 세 가지를 새롭게 인식했다.

첫 번째는 현행 국민연금이 가진 '혜택의 역진성'이다. 국민연금은 외국 공적연금과 다르게 계산식에 재분배 몫을 절반 포함하고 있다. 대학에서 국민연금을 소득재분배 제도라고 가르치고, 외국 소득비례연금에 비해 저소득층에 유리한 제도라고 설명하는 근거다. 맞다. 급여구조만 보면 그렇다.

그런데 국민연금은 '내고 받는' 제도다. 가입자가 납부하는 보험료와 연금을 결합해서 평가하면 결과는 정반대로 바뀐다. 워낙 보험료율이 낮기에 모두가 자신이 낸 보험료 총액보다 더 많은 연금을 받고, 이 순혜택은 가입기간이 길수록 커진다. 결국 노동시장에서 중심부에 있는 중상 위계층일수록 더 혜택을 얻는다. 은퇴한 사람들에게 젊은 시절 노동시장의 소득 격차를 줄여주기는커녕 오히려 심화시키는 '국민연금의 역설'이다. 이러한 상황에서 명목 소득대체율을 올리자는 주장은 무엇을 의미하는가. 미래세대의 과중한 부담에 눈감으면서 현재 노동시장 중심부의 이해에 치우친 개편이다. 노후 불안정, 불평등 시대에 이는 공정한 일인가?

두 번째는 기초연금과 퇴직연금의 도입이다. 100년의 연금 역사를 지닌 선진국 대부분은 국민연금과 같은 공적 소득비례연금 외에 기초연금, 퇴직연금을 운영한다. 기초연금으로 모든 노인 혹은 저소득 노인에게 최저소득을 보장하고, 여기에 보험료 기반의 공적 소득비례연금을 제공하면서 단체협약 기반의 퇴직연금을 더한다. 개인의 지위에 따라 기초연금, 소득비례연금, 퇴직연금을 적절히 조합하는 '다층연금 노후소득보장체계'다.

노무현 정부에서 연금개혁 논의가 시작된 2003년, 일반 시민에게 적용되는 공적연금은 국민연금 하나뿐이었다. 노후소득보장도 국민연금을 기준으로 설계할 수밖에 없었고, 당시 노무현 정부의 소득대체율 인하 방안은 연금

보장성의 후퇴를 의미했다. 하지만 2005년 퇴직연금이 도입되면서 이제는 사용자가 내는 퇴직연금 기여금 규모가 국민연금의 보험료 총액을 넘어설 만큼 성장했고, 2008년 노인 70%를 대상으로 도입된 기초연금도 거듭 인상되면서 노인빈곤 개선에 큰 몫을 하고 있다.

그렇다면 노후소득보장도 당연히 국민연금뿐만 아니라 기초연금과 퇴직연금을 포괄해 논의해야 한다. 그래야 노후 불평등 상황에서 국민연금의 도움을 받기 힘든 저소득 노인은 기초연금을 통해 노후소득을 보강하고, 중간계층 이상은 국민연금과 퇴직연금을 더해 노후소득을 설계할 수 있다. 이렇게 현실은 이미 '공적연금 삼총사' 시대인데도 보장성을 국민연금, 그것도 소득대체율로만 선악을 재단하는 건 너무도 '올드'하다. 이제는 노인들의 처지에 따라 적절한 노후소득을 보장하는 계층별 다층연금체계를 이야기해야 한다.

세 번째는 국민연금 재정 전망에 대한 재인식이다. 연금재징은 평균수명을 감안해 보통 70년 이상을 계산한다. 국민연금 재정계산도 70년 기준이다. 그런데 우리 연금개혁 논의에서는 이른바 '70년 불가지론'이 종종 등장한다. 한국전쟁 당시 2020년대의 대한민국을 전망하는 불가능성에 빗대 재정계산 작업 결과를 난센스라 폄하하기도 한다. 나 역시 민주노총 시절에 그런 입장에 기댄 보고서를 내기도 했다.

하지만 연금 재정계산은 먼 훗날에 사람들이 어떤 모습으로 살아갈지 예측하는 상상, 즉 미래학의 영역이 아니다. 미래 연금지출과 수입의 총면적을 비교해 이 둘이 비슷한지(재정 지속가능성), 차이가 큰지(재정 불안정)를 진단하는, 즉 두 면적의 관계를 전망하는 작업이지 절대적 수치를 알아맞히는 분석이 아니란 뜻이다.

만약 경제성장률이 예상보다 하향하면 소득도 떨어질 것이고, 보험료와 연금 모두 소득이라는 동일 변수에 연동되기에 국민연금의 기본 수입과 지출 역시 같은 방향으로 움직일 것이다. 즉 재정계산 전망에서 절대 수치는 달라져도 면적의 관계, 재정 상태에 대한 진단 결과는 여전히 유효하다. 여기서 인구 변동, 기금수익 등이 독립적 영향을 미치지만 국민연금 제도 내부의 수입-지출 불균형이 워낙커서 재정계산 결과의 흐름을 바꿀 만한 수준은 아니다.

그래서 초장기 전망이라는 이유로 불가지론을 유포하는 건 재정계산 방법론의 객관성을 무시하거나 간과하는 일이며, 전망치를 30년으로 단축하자는 제안은 그 기간에는 소득대체율 인상의 재정 효과가 나타나지 않는다는 점에서 부적절한 꼼수에 가깝다. 70년 재정계산이 현재 연금개혁 논의에서 중요한 준거임을 인정해야 한다.

근래에는 진보 진영에서 미래에 강구할 수 있는 다양한 재정방안을 강조한다. 이에 따르면 지금부터 재정안정에 연연할 필요가 없으니 얼마나 매력적인가? 하지만 거의가 모호하거나 근거가 희박한 내용이다. 국민연금에서 보험료를 매기는 근로소득이 GDP의 30%에 불과하니 부과대상을 늘리면 된다? 마치 다른 재원이 상당히 존재한다는 뉘앙스를 전하지만 한국은행이 발표하는 '분배 GDP' 구성을 알면 현실성 없는 주장임이 금세 드러난다.

또한 근로소득 외에 자본과 자산에 더 세금을 매기자는 주장 역시 이미 법인세, 금융 및 부동산 과세가 이루어지고 있기에 증세에 더 힘쓰자는 제안과 다를 게 없다. 외국과 비교해도 명확히 확인될 만큼, 국민연금의 수입-지출 불균형이 심각하고, 어느 나라보다 빠른 초고령화가 진행되고 있음에도 '미래세대는 다 감당할 것이다'는 주문은 한국 진보 진영이 세대 간 지속가능성에 얼마나 무관심한지를 여실히 보여준다.

이러한 재인식은 내가 진보 진영에서 활동하면서도

주요 진보단체, 학자들과 다른 목소리를 내게 하는 토대다. 이처럼 국민연금 소득대체율의 협소한 틀을 넘어서면, 2007년 노무현 정부의 연금개혁은 세대 간, 세대 내 형평을 개선한 전향적 개혁으로 재평가될 수 있으며, 일부에서 나를 수식하는 '재정안정론'은 국민연금의 지속가능성을 높이면서도 다층연금체계로 계층별 보장성을 구현하는 합리적 방안이라 자부한다.

따뜻하되 염치 있는 노후

진보란 무엇인가? 나는 오늘날 불평등 사회에서 불리한 지위에 있는 사람들의 권리를 옹호하는 일이라고 생각한다. 이를 위해 진보는 현행 체제에서 향유되는 다양한 기득권에 대항하며 평등과 공존을 지향한다. 그런데 한국의 대표적 진보단체와 학자들의 연금정책에선 '거꾸로' 경향이 뿌리 깊게 박혀 있다. 초고령사회를 눈앞에 두고도 노년부양부담이 훨씬 무거울 미래세대에게 무심하고, 노후 불평등이 심각한 상황에서 노동시장 중심부 집단의 이해에 경도되어 있다. 공적연금의 가치가 세대 간 계약, 사회적 부양이라고 역설하면서도, 실제는 '현세대' '중심 집단'의 기득권에 안주하는 '진보 연금개혁의 역설'이다.

진보의 입장에서 진정한 연금연대가 절실하다. 우선 세대 간 연대에 적극 나서자. 이는 세대별 재정 책임을 공평히 하는 일이다. 20세기 중반에는 미래로 갈수록 노년부양 환경이 우호적이어서 후세대가 공적연금의 추가 부담을 감당하는 세대 간 계약이 가능했지만, 21세기에는 노동시장 불안정과 저출생-고령화로 뒤로 갈수록 노년부양의 무게가 가중되고 있다. 이제는 오히려 현세대가 미래세대의 과중한 부담을 사전에 완화하는 조치가 필요한 상황이다.

시대적 현실이 이러함에도, 이미 확인되는 국민연금의 재정적자 부담까지 버젓이 후세대로 넘기려는 게 오늘의 한국 진보이다. 미래 시점에 지출 총량이 결정되는 의료비·기초연금 등은 어쩔 수 없이 후세대에 의존하더라도, 최소한 현세대가 보험료율과 연금 수준에 대한 의사결정권을 가진 국민연금에서는 재정 책임을 다해야 한다. 보험료율을 인상해서 가입자의 기여분이 늘어나면 순혜택의 역진성도 개선되어 국민연금의 재분배 기제가 온전히 작동할 수 있고, 재정이 확충되니 당연히 미래세대 부담도 경감될 것이다.

또한 모든 계층이 적절한 수준으로 노후소득을 보장

받는 세대 내 연대를 구현하자. 국민연금 명목 소득대체율 인상은 미래세대 부담을 키우면서 노동시장 중심계층일수록 연금액 증가가 큰 방안이다. 앞으로 국민연금 보장성은 추가 보험료율 인상이 수반되는 명목 소득대체율 인상 대신 여성, 실업자, 군복무자, 저임금노동자, 도시 지역가입자 등에게 연금크레딧 혹은 보험료를 지원해 가입기간을 늘려 실질적으로 연금액을 확대하도록 힘써야 한다. 나아가 모든 시민이 노후소득을 보장받기 위해서는 국민연금, 기초연금, 퇴직연금 등 '공적연금 삼총사'를 조합해 소득 수준에 따라 적정 급여를 보장하는 '계층별 다층연금체계'를 구축해야 한다.

국가도 연금재정에 기여해야 한다. 이때 국민연금 국고 지원은 현세대 가입자의 책임 방기에 따른 보험료 부족을 메워주는 '적자 보전'이 아니라 연금 취약층의 가입기간을 늘려주기 위한 '사회적 지원'이어야 한다. 다양한 크레딧을 대폭 확대하고, 도시 지역가입자도 농어민처럼 보험료를 지원받아야 한다. 당연히 저소득 노인을 두텁게 지원하는 기초연금의 재정도 국가 몫이다. 대부분 서구 나라의 연금 재정 지원도 이러한 방식으로 이루어진다.

연금개혁은 일반적 제도개혁과 다르다. 의사결정은

지금 이루어지지만 그 효과는 주로 먼 미래에 발생한다. 이에 연금은 제도개혁을 단행하는 현세대와 이후 재정 책임을 감당할 미래세대가 함께 결정해야 하는 의제다. 하지만 지금 연금개혁 논의의 참여자들은 모두 현세대 일원이다. 논의 테이블 저편에 유치원에 다니는 아이들, 아직 태어나지 않은 아이들이 앉아 있다고 가정해야 한다. 내 앞에는 초등학생 아들이 마주보고 앉아 있다. 지금은 연금개혁을 알지 못하지만, 언제고 진지하게 물어올 것이다. 그때 부끄럽지 않게 대답할 수 있는 아버지, 연금학자가 되고자 한다.

2024년 3월
오건호